MAHARADSCHAS

MAHARADSCHAS

Glanz und Pracht einer vergangenen Welt

Andrew Robinson (Text)
Sumio Uchiyama (Fotos)
Übersetzt von Jürgen Abel

westermann

Abbildungen
Frontispiz: Eines der reich verzierten Tore im Haupthof des Stadtpalastes von Dschaipur, mit dessen Bau der bemerkenswerte Maharadscha Dschai Singh II. 1728 begann.
Vignette/Titelseite: Ein Herrscher von Dschodhpur, der Hauptstadt der Wüstenregion Marwar, dessen Ahnenreihe mindestens bis in das 12. Jahrhundert zurückreicht.

CIP-Titelaufnahme der Deutschen Bibliothek

Robinson, Andrew:
Maharadschas: Glanz u. Pracht e. vergangenen Welt / Andrew Robinson (Text); Sumio Uchiyama (Fotos). Übers. von Jürgen Abel. – Braunschweig: Westermann, 1988
Einheitssacht.: Maharaja <dt.>
ISBN 3-07-50 8969-9
NE: Uchiyama, Sumio:

Gedruckt in Hongkong

ISBN 3-07-50 8969-9

Inhalt

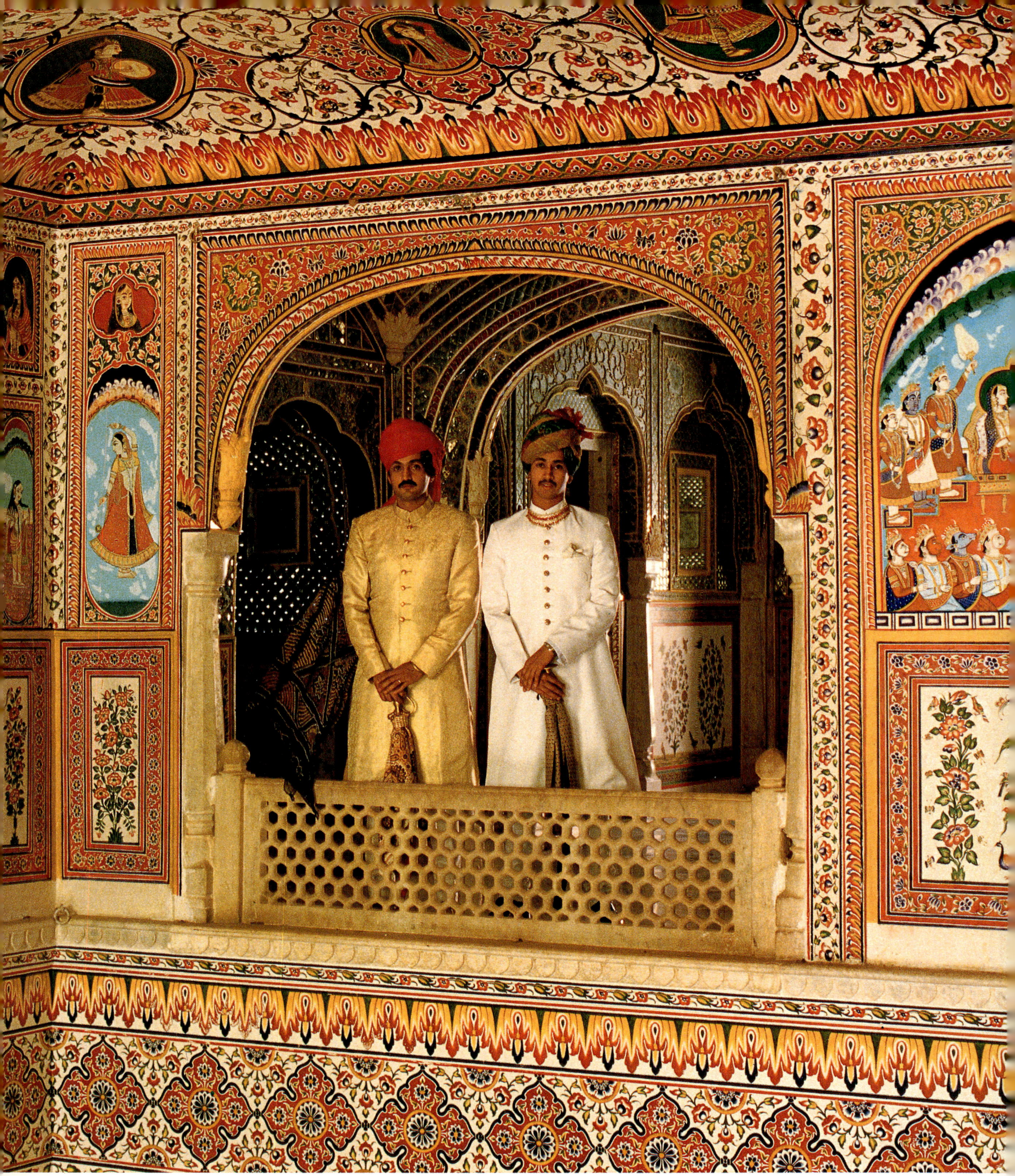

Maharawal Raghavendra Singh (ganz links) und Maharadscha Kumar Ranvidschay Singh auf einem Balkon des Palasts von Samod. *Oben:* Die Familie des Maharadschas von Dhrangadhara.

Einleitung

Die Faszination alter und edler Geschlechter

Inmitten der Gleichmacherei unserer Zeit und der zwangsläufigen Monotonie der Verwaltung nach wissenschaftlichen Prinzipien halten die Fürsten die Traditionen und Bräuche am Leben, bewahren die Kraft und retten die Faszination alter und edler Geschlechter vor dem Erlöschen", sagte Lord Curzon, Vizekönig von Indien, im Jahr 1902. „Sie besitzen jene undefinierbare, vom Volk geliebte Eigenschaft, aus der Scholle geboren zu sein." Mahatma Gandhi, Sohn des *Dewan* (Ministerpräsidenten) eines kleinen westindischen Fürsten, sah die Maharadschas anders. „Die heutigen Fürsten sind Marionetten, die geschaffen oder geduldet wurden, um die britische Kolonialherrschaft zu stützen und ihr mehr Ansehen zu geben", erklärte er 1947 am Vorabend der indischen Unabhängigkeit. „Die unkontrollierte Macht, die sie über ihr Volk ausüben, ist wahrscheinlich der größte aller Makel auf der britischen Krone."

Wir können die Maharadschas heute objektiver und distanzierter betrachten als Curzon und auch Gandhi, aber das heißt nicht, daß sie uns weniger faszinieren. Ihre Nachkommen, ihre märchenhaften, bizarren Paläste und Festungen und die von ihnen geknüpften feudalen Bande leben weiter, obgleich ihre despotische Macht und ihre Titel erloschen sind und ihre einstigen Untertanen längst das Wahlrecht haben.

In der Zeit ihrer größten Prachtentfaltung, von 1858, als Königin Viktoria die britische Verwaltungshoheit über Indien proklamierte, bis 1947, als der Subkontinent unabhängig wurde, waren die Maharadschas der Inbegriff von Reichtum, Pomp und maßloser Verschwendung. Sie entfalteten einen Luxus, dessen Ausmaß und Verfeinerung – zumindest in diesem Jahrhundert – ohnegleichen waren. Mit einer Zeremonie, die das Guinness-Buch der Rekorde als „die teuerste Hochzeit der Welt" bezeichnete, verheiratete einer von ihnen seine Tochter mit einem anderen Fürsten (noch 1948!). Ein anderer feierte die Paarung zweier Hunde unter anderem damit, daß er den „Bräutigam" von 250 auf reich geschmückten Elefanten sitzenden Artgenossen, die in juwelenbesetzten Brokat gehüllt waren, vom Bahnhof abholen ließ. Ein dritter hatte siebenundzwanzig verschiedene Rolls-Royce-Modelle, und ein vierter charterte einen Dampfer der britischen Peninsular and Oriental Line, um zur Krönung Eduards VII. nach London zu reisen, und ließ sich als orthodoxer Hindu während seines sechsmonatigen Aufenthaltes an der Themse regelmäßig Wasser aus dem Ganges schicken. Zu diesen Potentaten gehörte auch der Nizam von Haiderabad, wahrscheinlich „der reichste Mann der Welt", wenn man die Kostbarkeiten in seinem Besitz nur hätte schätzen können, zugleich aber auch ein legendärer Geizhals, da er fünfunddreißig Jahre lang ein und denselben Fes trug; als er befahl, seine Perlen zu zählen und nach Größe und Schönheit zu sortieren, bedeckten sie das Dach seines nicht unbeträchtlichen Palastes.

Dieser Reichtum kam aber auch dem Land der

Herrscher zugute. Einige fortschrittlich eingestellte Fürsten wurden für ihre Bauten, ihre Eisenbahnen und Bewässerungsprojekte, ihre großzügige Förderung von Wissenschaft und Kunst ebenso berühmt wie für ihre aufwendige Lebensführung. Eine Dynastie – die Maharadschas von Dschaipur – gründete 1728 sogar eine Stadt, die praktisch auf dem Reißbrett geplant wurde und wegen ihrer rosa Mauern und rosa gestrichenen Bauten noch heute als „Rosa Stadt" gefeiert wird.

Dschaipur war einer der größten Staaten des Subkontinents, der kurz vor der Unabhängigkeit insgesamt 565 Fürstenstaaten zählte, die etwa zwei Fünftel seiner Fläche einnahmen. Wie lange vorher die Moguln, denen viele der Fürsten lehnspflichtig gewesen waren, regierten die Briten die restlichen drei Fünftel: die Küstenregionen, die fruchtbaren Gebiete wie das Gangestal und die Ebenen im Süden. Die Fürsten geboten fast nur über Wüstengebiete, Hochland und Gebirge. Der größte Staat, Haiderabad und Berar, war ungefähr so groß wie das Vereinigte Königreich und hatte in den dreißiger Jahren einen Staatshaushalt von etwa 85 Millionen Rupien jährlich; der kleinste hatte eine Fläche von knapp drei Quadratkilometern und nahm nur wenige hundert Rupien im Jahr ein.

Die Briten entwickelten eine fürstliche Rangordnung, die von beiden Seiten pedantisch befolgt wurde. Die Maharadschas, die bis zu ihrer endgültigen Entmachtung 1971 notorisch zerstritten waren, richteten sich auch untereinander danach. Die Spitze der Pyramide bildeten 118 „Staaten erster Klasse", der Mittelbau bestand aus 117 „Staaten zweiter Klasse", und die Basis bildeten 327 erbliche Grundherrschaften. Die Herrscher der ersten Gruppe übten innerhalb ihrer Grenzen eine absolute Macht aus, die Radschas der zweiten Abteilung hatten begrenzte hoheitliche Befugnisse, und die der dritten hatten keine Jurisdiktion in Straf- und Zivilsachen.

Die Staaten der ersten Klasse wurden auch „Salutstaaten" genannt. Im Gegensatz zu den Herrschern der beiden anderen Gruppen genossen ihre Fürsten das Privileg, bei bestimmten Anlässen mit Böllerschüssen begrüßt zu werden, wobei die Zahl der Kanonen fein abgestuft war. An der Spitze standen der Souverän des Vereinigten Königreichs und Indiens, der das Recht auf 101 Kanonen hatte, und der britische Vizekönig von Indien, für den aus 31 Geschützen gefeuert wurde. Die Herrscher der fünf wichtigsten Staaten (Baroda, Gwalior, Dschammu und Kaschmir, Maisur, Haiderabad und Berar) wurden mit Schüssen aus 21 Kanonen begrüßt. Sechs weitere Fürsten bekamen 19 Kanonen. 13 Fürsten hatten das Recht auf 17 Kanonen, und 30 wurden mit 9 Geschützen begrüßt. Der Titel „Maharadscha" war denen vorbehalten, die ein Recht auf 13 oder mehr Kanonen hatten, während alle anderen sich mit dem schlichteren „Radscha" begnügen mußten.

Die Salutordnung führte immer wieder zu Streitigkeiten und Reibereien unter den Fürsten, von denen sich einige ernsthaft benachteiligt fühlten. Ein sechsjähriger Streit zwischen dem Maharadscha von Bikaner und dem Maharadscha von Patiala endete in den dreißiger Jahren damit, daß der erstgenannte Herrscher siegte – und daß der zuständige Beamte der Politischen Abteilung auf der umfangreichen diesbezüglichen Akte vermerkte: „Der Vizekönig wird des fortwährenden Hickhacks um die Rangordnung äußerst müde."

Zweifellos empfand der Vizekönig solche Ausein-

Nächste Doppelseite: Der *gadi* (Thron) und der Sonnenschirm sind zwei wichtige indische Herrschaftssymbole. Dieser Marmorthron gehört dem Maharadscha von Dschodhpur.

andersetzungen als lästig und überflüssig, aber er verdankte sie letztlich seinen Vorgängern, die die Hierarchie mit dem Ziel ausgetüftelt hatten, die Energie der einheimischen Herrscher auf Dinge zu lenken, die den britischen Interessen im Land nicht schaden konnten. Die Truppen der Ostindischen Handelskompanie hatten seit den neunziger Jahren des 18. Jahrhunderts bis zum Sieg über die Sikhs im Jahr 1849 mehrere Kriege geführt und eine Reihe von Verträgen geschlossen, die die einheimischen Herrscher zunehmend ihrer Militärmacht beraubten, ihnen aber in vielen Fällen andere Befugnisse ließen. In diesem Zusammenhang erklärte der tüchtige und gelegentlich zynische Mountstuart Elphinstone 1832 vor dem Ausschuß des Unterhauses:

„Es scheint nicht nur in unserem Interesse zu liegen, sondern auch unsere Pflicht zu sein, alles zum Erhalt der verbündeten Regierungen zu tun: Es liegt gleichfalls in unserem Interesse, die Zahl der unabhängigen Mächte zu erhalten. Ihre Territorien bieten all denen eine Zuflucht, deren kriegerische, intrigante oder räuberische Gewohnheiten einen friedlichen Aufenthalt in den unseren unmöglich machen; außerdem hat das Beispiel ihrer Regierung auch eine günstige Wirkung auf unsere Untertanen, die zwar die Härten spüren, denen sie tatsächlich ausgesetzt sind, aber nur zu leicht die größeren Übel vergessen könnten, von denen wir sie erlöst haben. Und wenn die Existenz unabhängiger Mächte unseren Armeen dann und wann eine Beschäftigung gibt, so ist das keineswegs von Nachteil."

Die erste dieser „unabhängigen Mächte" war der Maharadscha von Maisur, den die Briten einsetzten, nachdem sie Tipu Sultan, den bisherigen Herrscher des Gebiets, 1799 vernichtend geschlagen hatten. Obgleich der neue Maharadscha zu der Hindu-Dynastie gehörte, die Tipu vorher entmachtet hatte, übte er in jenem Jahr wohl kaum etwas von der Faszination aus, die Curzon so rühmte, denn er lebte zur Zeit seiner „Wiederentdekkung" in abgrundtiefer Armut.

Der Nizam von Haiderabad konnte auf eine erhabenere Herkunft zurückblicken. Der erste Nizam war ein Vizekönig der in Delhi residierenden Moguln, dem 1724 die Verwaltung der Hochebene von Dekkan übertragen wurde. Als er 1748 starb, war die Macht der Moguln erloschen (obgleich der Nizam sein Herrschaftsrecht weiterhin auf den Großmogul zurückführte). Die späteren Nizams mußten hinnehmen, daß ihre Hoheitsrechte immer mehr von den Briten beschnitten wurden, obgleich die beiden Seiten niemals Krieg führten. Sie verhielten sich lange Zeit als fast gleichberechtigte Partner, was auch in der Anrede zum Ausdruck kam, die der Nizam als einziger indischer Fürst genoß: Seine Erhabene Hoheit.

Zentralindien stellte die Truppen der Ostindischen Handelskompanie vor ein ganz anderes Problem. Sie brauchten fast zwanzig Jahre – bis 1818 – um die Generäle des in Poona residierenden Marathenherrschers, des *Peschwa,* zu besiegen. Diese Heerführer waren Scindia von Gwalior, Holkar von Indore und Gaekwad von Baroda, alles Männer einfacher Herkunft. „Wir waren einst Schafhirten", erläutert der gegenwärtige Maharadscha von Indore (der übrigens mit einer Amerikanerin aus Dallas verheiratet ist). „Der Überlieferung zufolge schlief der junge Malhar Rao Holkar bei seiner Herde, als er mit einer Kobra gesehen wurde, die sich über

seinem Kopf aufgerichtet hatte, um ihn vor der Sonne zu schützen." Der Name Gaekwad leitet sich von zwei Sanskritworten ab: *gae* (die Kuh) und *wad* (das Tor). „Es heißt, mein Ahne habe eine Kuhherde vor dem Metzger gerettet, indem er ihr die Tore seines Dorfes öffnete und sie hereinkommen ließ. Die Briten hielten es für einen Titel und begannen, meine Vorfahren ‚die Gaekwars' – oder sogar ‚Guickurs' – von Baroda zu nennen." (Aus irgendeinem Grund ersetzten sie das d am Ende des Wortes durch ein r.)

Die geschlossenste und in vielen Fällen auch eindrucksvollste Gruppe von Herrschern, die von den Briten unterworfen wurde, waren jedoch die Radschputen der Wüstenstaaten südwestlich von Delhi. Diese Fürsten, die den Reichtum und Luxus indischer Potentaten damals – und heute – besonders verkörperten, herrschten in Bharatpur, Dschaipur, Dschodhpur, Udaipur, Bikaner, Dschaiselmer und den weiteren vierzehn Staaten, die vorher die Faktorei Radschputana gebildet hatten. Heute bilden sie den indischen Unionsstaat Radschasthan. „Ich ziehe die vier Silben (Radschputana) immer noch den dreien vor; sie scheinen auf magische Weise ein fernes Märchenland heraufzubeschwören", sagt der bekannte indische Filmregisseur Satyajit Ray. Obgleich „ich sechsmal in Radschasthan gewesen bin, hat die Realität der Aura, die es einst für mich hatte, nichts anhaben können. Wenn überhaupt, ist sein Platz in meiner Phantasie nur noch gefestigt worden."

Radschasthan scheint all die extremen Gegensätze zu verkörpern, für die der Subkontinent bekannt ist. Es besitzt die größten Temperaturunterschiede, die geringste Niederschlagsmenge, die leuchtendsten Farben in den kargsten Landschaften, die kunstvollsten Turbane und Schnurrbärte, die abweisendsten und unzugänglichsten Festungen und die märchenhaftesten Paläste – und es hatte früher die fortschrittlichsten und die rückständigsten Herrscher. Es rühmt sich auch einiger der schönsten Frauen des Landes, „Geschöpfe, die, in leuchtendes Rot, Grün und Gelb gehüllt, geradewegs aus den Miniaturen gestiegen sind und sich mit einer Anmut bewegen, die den Neid einer Königin erregen würde", um Ray noch einmal zu zitieren. Diese Frauen befolgten früher eines der grausamsten Treuerituale, die die Menschheit jemals gekannt hat, den *sati,* bei dem sich die Witwe eines Verstorbenen in den Scheiterhaufen ihres Mannes stürzte und mit ihm verbrannte.

So überrascht es nicht, daß dieses „verzauberte Land" zu einem Klassiker der britisch-indischen Literatur inspirierte. Die dreibändigen *Annals and Antiquities of Rajasthan* von Oberstleutnant James Tod, „vormals Politischer Beauftragter bei den westlichen Radschputenstaaten", erschienen zwischen 1829 und 1832. Sie sind eine wahre Fundgrube für alle, die sich mit der Genealogie, den Bräuchen und den längst vergangenen Kriegen und Verträgen der Radschputen beschäftigen, und jede Seite zeugt von einer leidenschaftlichen Zuneigung zu diesem Teil des Subkontinents und seinen Bewohnern. So auch der Schluß der Einleitung des zweiten Bandes, in der Tod sich „die Rhetorik des aufrichtigen, frommen und freisinnigen Abul Fazl zueigen macht" (Abul Fazl verfaßte den *Ain-i-Akbari,* eine weltliche, wissenschaftliche und statistische Chronik der Herrschaft des 1605 gestorbenen Mogulkaisers Akbar):

Nächste Doppelseite: Der Maharadscha von Dschodhpur, Gaj Singh II., beim Tee mit der Maharani, Hemlata Rajya, die er 1973 heiratete. Sie sitzen in einem Marmorpavillon in den Gärten des Umaid-Bhawan-Palasts.

„Gelobt sei Gott, daß er mir in seiner unendlichen Gnade erlaubte, die Geschichte der Radschputen zu beenden. Es kostete mich viel Mühe, das Material für diesen Bericht zu sammeln, und ich hatte bei der Feststellung der Daten und der Klärung der Widersprüche in den verschiedenen Geschichten der Fürsten Radschputanas so große Schwierigkeiten, daß ich wiederholt im Begriff war, gänzlich von dem Vorhaben Abstand zu nehmen: Aber wer kann der Bestimmung des Schicksals widerstehen? Ich hoffe, alle diejenigen, die bessere Informationen erhalten konnten, werden nicht bei meinen Irrtümern verweilen, so daß ich insgesamt Zustimmung ernten werde."

Eine der größten Sorgen Akbars bestand darin, die Ressourcen der Radschputen für die Moguln nutzbar zu machen, ohne das Reich zu zerstören. Mit vielerlei Mitteln – Gewalt, Kooperation der Radschputen und Heiratsbündnissen – gelang es ihm, die Radschputen „zur Zierde und zugleich zur Stütze seines Throns zu machen", wie Tod schreibt. In den achtziger Jahren des 16. Jahrhunderts nahm er Dschodh Bai, die Schwester des Herrschers von Dschodhpur, in den Kreis seiner Gemahlinnen auf. Sie wurde eine einflußreiche Persönlichkeit am Hofe der Moguln und bewog ihren korangläubigen Gatten sogar, gewissen Moslembräuchen abzuschwören, so „dem Verzehren von Rindfleisch, Knoblauch und Zwiebeln sowie dem Tragen eines Bartes", wie Abul Fazl mißbilligend vermerkte, nicht ohne freilich einzuräumen, daß „die letzten drei Dinge beim Küssen durchaus hinderlich sind".

Angesichts der Tatsache, daß die Armeen der Moguln zu Beginn von Akbars Herrschaft schreckliche Gemetzel unter den Radschputen anrichteten, wundert es vielleicht, daß die Hochzeit überhaupt stattfand. Den Höhepunkt der blutigen Kriege bildete 1567 die Einnahme der Festung von Chitor, in der sich die Herrscher von Mewar (Udaipur) verschanzt hatten. Um ihre Ehre zu retten, verbrannten sich neuntausend Radschputenprinzessinnen in unterirdischen Gelassen, und achttausend Krieger setzten ihrem Leben ebenfalls ein Ende. Dieses Massenopfer, das dritte in der Geschichte Chitors, wurde als *dschohar* bekannt. Der junge Prinz Udai Singh, der es überlebte, verließ Chitor für immer und gründete eine neue Stadt in Udaipur, wo ein späterer Herrscher dann an einem See den Palast erbaute, der noch heute zu den schönsten der Welt gehört. Im Gegensatz zu den anderen Radschputenherrschern, auch den Fürsten von Dschodhpur, beschränkten er und seine Nachkommen, die Maharanas von Udaipur, die Beziehungen zu den Moguln in Agra und Delhi sowie später zu den britischen Machthabern auf ein Minimum; sie wurden die Hüter der Reinheit der Radschputen.

Tod hat die verständliche Neigung, Fehler der Radschputen zu rationalisieren oder zu ignorieren, aber es scheint, als hätten Ungestüm, Rachsucht und ein gewisses Maß an Doppelzüngigkeit ebenso zu ihren Merkmalen gehört wie Ritterlichkeit und außergewöhnlicher Mut. Die Zwischenüberschriften eines Kapitels der *Annals* lassen ahnen, wie wechselvoll das Schicksal der Radschputen in der zweiten Hälfte des 18. Jahrhunderts war:

„Radscha Adschit – Seine Ermordung durch seine Söhne – Die Folgen dieser Tat – Die Saat der Bürger-

kriege von Marwar (Dschodhpur) – Familie des Adschit – Das sonderbare Adoptionsgesetz der Rathor – Ram Singh – Seine Unbotmäßigkeit zu seinen Oberen – Bürgerkrieg – Schlacht zwischen Ram Singh und Bachta Singh – Niederlage des ersteren und Ausrottung der Sippe der Mertia – Die Mertia als Vasallen Mihtris – Schilderung des Schlachtfeldes – Ram Singh lädt die Mahrattas (Marathen) in sein Gebiet ein – Bachta Singh wird Radscha von Marwar – Seine Ermordung durch den Fürsten von Dschaipur – Sein Sohn, Bidschai Singh, folgt ihm nach – Dschai Apa Sindhia und Ram Singh fallen in Marwar ein – Bidschai Singh tritt ihnen entgegen und wird besiegt – Er flieht nach Nagor, wo er belagert wird – Er durchbricht die feindlichen Linien – Er bittet in Bikaner und Dschaipur um Beistand – Verrat des Radschas von Dschaipur – Er wird durch den Häuptling von Rian besiegt – Die Ermordung des Apa Sindhia."

Aber dieser Katalog von Mord und Heimtücke kann nicht die ganze Geschichte sein. Nicht nur die meisterhaften Bilder, Schmuckstücke, Silberarbeiten und Teppiche aus jener Zeit, die märchenhaften Paläste (besonders in Dschaipur), sondern auch die Briefe der Herrscher selbst sind bemerkenswerte Zeugnisse ihrer Kultur und ihrer geistigen Haltung. „Sie strotzen von klassischen Anspielungen und zeigen all das Wissen, das der fortwährende Widerstreit in der menschlichen Gesellschaft hervorbringen muß", sagt Tod.

Er war einer der ersten politischen Beamten, die während der britischen Herrschaft ein Auge auf die indischen Fürsten hatten und meist den Titel „Resident" führten. Er „stand an der Weggabelung", bemerkt William Crooke, Indienbeamter einer ruhigeren Zeit, der Tods Werk 1920 in zensierter Form neu herausgab. Tod ließ sich von der Pracht Radschputanas betören, doch er wurde dafür bezahlt, sie im Namen einer ordentlichen Verwaltung zu dämpfen. Er hoffte, die Radschputen würden sich von seinen Worten und seinem Beispiel überzeugen lassen, ohne daß die Handelskompanie zu den Waffen greifen müsse, denn er hatte zuviel Achtung vor ihnen, um sie zu bloßen Marionetten zu degradieren.

Leider wurden Tod und eine Handvoll anderer bemerkenswerter Soldaten mit hohem Bildungsstand, die das nördliche Indien in der ersten Hälfte des 19. Jahrhunderts verwalteten, von Offizieren und Zivilisten abgelöst, die bis auf einige rühmenswerte Ausnahmen weniger verständnisvoll und flexibel waren. Sie sollten die Proklamation in die Tat umsetzen, die Königin Viktoria 1858 verkündet hatte, nachdem die Briten den Aufstand einiger weniger indischer Fürsten – die meisten hatten sich nicht beteiligt – niedergeschlagen hatten: „Wir werden die Rechte, die Würde und die Ehre der einheimischen Fürsten wie unsere eigene respektieren, und wünschen, daß sie den Wohlstand und den sozialen Fortschritt, die von innerem Frieden und ordentlicher Regierung abhängen, ebenso genießen wie unsere eigenen Untertanen." Lord Canning, der erste Vizekönig von Indien, stimmte dem begeistert zu, als er die Doktrin der britischen Verwaltungshoheit verkündete, die London 1947 kurzerhand unter den Tisch fallen ließ: „Die Krone von England ist hinfort der unangefochtene Herrscher und die oberste Gewalt in ganz Indien und tritt ihren Vasallen zum erstenmal unmittelbar gegenüber. Die Souveränität Englands ist so real wie bisher noch nie und wird von den Fürsten nicht nur gespürt, sondern auch anerkannt."

Nachdem die Briten lautstark verkündet hatten, daß die Fürsten in ihren inneren Angelegenheiten unabhängig seien, begannen sie sofort, sich auf jede erdenkliche Weise einzumischen – mit guten und schlechten Ergebnissen. Eines der ersten und tragischsten Opfer der neuen Politik war Dhuleep Singh, der Maharadscha des Pandschabs. Lord Dalhousie, der Generalgouverneur, hatte darauf bestanden, daß er 1849, nach dem zweiten und letzten britischen Krieg gegen die Sikhs, der mit der Annektion des Pandschabs endete, seinen Thron aufgab. Dalhousie bestand auch darauf, daß der Koh-i-Noor, der berühmteste Diamant der Welt, der 1813 in den Besitz des Pandschab-Herrschers Randschit Singh gelangt war, Königin Viktoria zum Geschenk gemacht wurde. Der Edelstein und der gestürzte Maharadscha, der inzwischen siebzehn Jahre alt und zum Christentum übergetreten war, wurden getrennt nach London geschickt. Der Diamant wurde bei einem zweiten Schliff erheblich verkleinert (von 187 auf 109 Karat) und prangte bald am Mieder der jungen Königin, die sich veranlaßt fühlte, seinen Vorbesitzer, der so schön war wie Dorian Gray, unter ihre Fittiche zu nehmen. Eines Tages fragte sie Dhuleep Singhs britischen Vormund, ob der junge Mann den Verlust des Koh-i-Noors bedaure, und räumte ein, daß sie „ein gewisses heikles Gefühl" habe, wenn sie ihn in seiner Gegenwart trage. Sie erfuhr, daß der Entthronte es gar nicht bedaure, im Gegenteil, er habe sich außerordentlich für das Umschleifen interessiert. Als Dhuleep Singh später einmal im Schloß für ein Porträt saß, benutzte sie die Gelegenheit, um ihm den Stein zu reichen und ihn zu fragen, ob er ihn wiedererkenne. Er ging an ein Fenster und betrachtete ihn eine Viertelstunde lang, ohne ein Wort zu äußern. Dann gab er ihn der Königin zurück und sagte, es sei ihm ein Vergnügen, ihr das Juwel wieder überreichen zu dürfen. In vertraulichen Gesprächen nahm er freilich kein Blatt vor den Mund. „In Wahrheit ist sie eine Hehlerin", sagte er. „Sie hat ebensowenig ein Recht auf den Stein wie ich auf Windsor Castle!" Was natürlich stimmte.

Dies war nur der erste Zusammenstoß zwischen der Königin und „ihrem" Maharadscha. Seine Lage wurde zunehmend absurd; die Briten waren entschlossen, ihn nicht nach Indien zurückkehren zu lassen, weil sie befürchteten, er könnte unter den Sikhs Unzufriedenheit schüren, obgleich er der Kolonialmacht beim Aufstand von 1857 aus der Ferne geholfen und dafür von Viktoria persönlich den Stern von Indien bekommen hatte.

Bei seinen Versuchen, Indien wiederzusehen, kam er nie weiter als bis Aden, und so machte er späteren Maharadschas dann vor, wie man als exilierter indischer Fürst in Europa lebt. 1864 heiratete er ein deutsches Mädchen, das ihm aufgefallen war, als er in einer Schule in Alexandria Preise verteilt hatte. Sie bekamen einen Sohn, Victor, der Viktorias Patenkind wurde. Später verliebte er sich in eine blonde Schöne, die vorher Zimmermädchen in einem Hotel in Knightsbridge gewesen war; sie mußte ihm zweimal täglich telegraphieren, wenn er sich auf dem Land aufhielt. Er hatte auch eine französische Freundin, die gleichzeitig mit dem späteren französischen Ministerpräsidenten Georges Clemenceau und dem Herzog von Aumale, einem Sohn des Bürgerkönigs Louis-Philippe, liiert war.

Und er wurde ein Landedelmann: Die indische Regierung gab ihm ein Darlehen von annähernd 140 000 Pfund, von dem er einen Landsitz an der Grenze von Norfolk und Suffolk kaufte und luxuriös ausstatten ließ. Es wurde einer der ersten englischen Bauten im „indischen Stil" (nach dem Pavillon von Brighton). Dort bewirtete er königliche Gäste und wurde bald als einer der besten Schützen in England bekannt. Er stiftete auch beträchtliche Summen für die Kirche des Dorfes.

Da es ihm nicht gelungen war, nach Indien zurückzukehren, reiste er ruhelos durch Europa und machte dabei einen Abstecher nach Rußland, wo er die Hoffnung ausdrückte, der Zar könnte ihm vielleicht seinen Thron zurückgeben, indem er über den Himalaya nach Süden vordringe. Die Briten waren nicht erfreut. Dhuleep Singhs Frau, die Maharani, starb (wohl vor Verlegenheit und Kummer), und er besuchte seine Mentorin, die inzwischen alt gewordene Königin, die gerade im südfranzösischen Grasse Urlaub machte. Sie sprachen unter vier Augen, der Maharadscha bat sie um Vergebung und brach dabei in Tränen aus. Viktoria war gerührt und streichelte seine Hand, bis er sich beruhigt hatte. Er hatte die Gunst der Monarchin wiedererlangt, aber nicht die der Öffentlichkeit, und dann starb er im Alter von 56 Jahren in einem Hotel in Paris. Nach dem Tod der Maharani hatte eine seiner letzten Taten darin bestanden, eine Engländerin zur Frau zu nehmen.

Die indischen Herrscher der Generation nach Dhuleep Singh hatten in ihrer Jugend eine gründliche viktorianische Bildung genossen, was aus ihnen in manchen Fällen wirklich außergewöhnliche Fürsten machte, die (meist von einem tüchtigen *Dewan* und anderen fähigen Helfern beraten) ihre uneingeschränkte Macht benutzten, um für ihr Land Dinge zu tun, die weder den Briten noch später der Regierung in Neu-Delhi möglich waren.

Der bemerkenswerteste dieser Männer war sicher Sayaji Rao, der Gaekwad von Baroda, den die Briten 1875 im Alter von zwölf Jahren auf den *gadi* (Thron) seines Landes gehoben hatten. Sein Vorgänger, Mulhar Rao, war wegen Machtmißbrauchs abgesetzt worden: Er hatte unsägliche Grausamkeiten an seinen Untertanen verübt, allzu viele öffentliche Gelder abgezweigt und angeblich sogar versucht, den gestrengen Oberst Phayre, den Residenten, zu vergiften. Man machte ihm den Prozeß. Sein Verteidiger, einer der besten britischen Anwälte seiner Zeit, schaffte es, die Anklage der Regierung zu zerpflücken. Aber der Maharadscha blieb dennoch entmachtet.

Sein Nachfolger, den die Briten nach langwierigen Beratungen mit der Herrscherfamilie und ihren brahmanischen Priestern ausgesucht hatten, war der Sohn eines Dorfältesten, der entfernt mit dem Fürstenhaus verwandt war. Da er weder lesen noch schreiben konnte, widmete er sich die ersten sechs Jahre im Palast seiner Bildung. Er ritt täglich zwei Stunden, verbrachte eine Stunde mit anderen angemessenen Spielen, doch wenn er gerade nicht ritt, spielte oder aß, arbeitete er unermüdlich und fand mit der Zeit Geschmack daran. Er lernte vier Sprachen: Marathi, die Sprache seiner Vorfahren auf dem Thron Barodas, Gudscharati, die Sprache der Mehrzahl seiner Untertanen, Urdu und Englisch.

John Lord sagte einmal: „Sayaji Rao und seine Maharani befreiten Baroda vom Joch des Mittelalters." Die Maharani, die ebenfalls aus einem Dorf stammte, schrieb ein Buch mit dem Titel *The Position of Women in Indian Life,* das der britische Premierminister Ramsay MacDonald „eine außergewöhnliche Offenbarung des östlichen Geistes“ nannte. Sayaji Rao ging so weit, in Baroda die Scheidung einzuführen. Wenn sie von ihrer Tochter scherzhaft darauf angesprochen wurde, bemühte die Maharani sich, eine würdevolle Miene aufzusetzen, konnte dann aber meist ihr Lachen nicht unterdrücken. Überraschenderweise war sie auch die beste Schützin des Subkontinents und ging besonders gern auf Tigerjagd.

Sayaji Rao eröffnete 1881 das erste Gymnasium in Baroda und setzte zum erstenmal in Indien den obligatorischen und unentgeltlichen Schulbesuch durch. Das Büchereiwesen von Baroda erfaßte alle Dörfer, damals wie heute eine ungewöhnliche Errungenschaft, und außerdem gründete man ein wissenschaftliches Institut, eine Kunstakademie, ein Museum und eine erstklassige Galerie. Die Universität Baroda gehört heute zu den angesehensten des Landes. Im Alter wandte sich der Maharadscha zunehmend der Religion zu. 1933 hielt er eine längere Rede beim zweiten Weltparlament der Religionen in Chicago, wo Swami Vivekananda 1893 seinen ersten aufsehenerregenden Auftritt gehabt hatte, und erklärte unter anderem: „Gott ist an der Arbeit. Er ist ein demokratischer König und bittet um unsere Hilfe. Er kennt keine andere Hierarchie als die des Dienens. Demokratie beinhaltet auch, daß der gemeine Mann immer mehr in Erscheinung tritt und daß rückständige Völker einen Platz an der Sonne verlangen.“ Sayaji Rao setzte seine Theorien in die Tat um, indem er nicht nur B. R. Ambedkar, den Führer der Kaste der Unberührbaren (der auf seine Kosten in den USA ausgebildet wurde), sondern auch Mahatma Gandhi unterstützte.

Er interessierte sich jedoch nicht allein für gute Werke. Er legte auch Wert auf Stil und amüsierte sich gern, ohne freilich den Ausschweifungen zu frönen, denen sich frühere Gaekwads so eifrig hingegeben hatten und denen auch sein lebenslustiger Sohn seinen Ruf als Playboy verdankte. Sein Haushofmeister, sein Kammerdiener und die verantwortlichen Männer in der Armee, der Polizei, dem Krankenhaus- und Bildungswesen von Baroda waren alle Briten, aber sein Koch war Franzose und einige seiner Chauffeure waren Italiener, weil er mehrere italienische Automobile hatte. Sein Tafelleinen kam aus Belfast und seine Speiseservices aus der Bond Street. Beim Dinner spielte manchmal ein kleines Streichorchester unter der Stabführung des französischen Dirigenten, der die Nationalhymne von Baroda komponiert hatte. Dann gab es natürlich noch seine Papageien, die Lieblinge seiner Enkelin Gayatri Devi, der jetzigen Radschmata von Dschaipur, die in ihren Memoiren *A Princess Remembers* berichtet:

„Sie pflegten auf winzigen silbernen Fahrrädern zu radeln, winzige silberne Autos zu lenken, auf Seilen zu balancieren und vielerlei dramatische Szenen aufzuführen. Ich erinnere mich besonders an eine, bei der ein Papagei von einem Auto überfahren, von einem Papageiendoktor untersucht und dann von anderen Papageien auf einer Trage fortgeschafft wurde. Der Höhepunkt ihrer Vorstellung war jedesmal ein Salut aus einer silbernen Kanone. Sie erzeugte einen Donner, der für eine Miniaturwaffe schier unfaßlich war, und die Papageien waren die einzigen, die keine Miene verzogen.“

Kein Wunder, daß Sayaji Rao sich in das Weiße Kaninchen und die anderen Geschöpfe Lewis Carrolls verliebte und *Alice im Wunderland* ins Marathi übersetzen ließ.

Er ließ auch Laxmi Vilas erbauen, einen der größten und prachtvollsten Paläste des Landes, den er bis zu seinem Tod im Jahr 1939 bewohnte. Die Architekten waren zwei Engländer, aber der Stil war alles andere als britisch. Laxmi Vilas ist etwa dreimal so groß wie der Buckingham-Palast, und seine Küche ist drei Kilometer vom Speisezimmer entfernt; eine Zeitlang benutzte der Gaekwad einen Motorroller, um von seinem Schlafzimmer zum Frühstück zu flitzen. Auf dem Zenit seiner Macht bestand das Personal aus rund tausend Leuten. Der jetzige Gaekwad muß sich mit 150 Domestiken bescheiden, von denen einige ihn schon als kleinen Jungen gekannt haben. Er erinnert sich, daß er als Kind gern durch die endlosen Korridore rannte und mit den Dienstboten über den Mahatma redete. „Ich habe zehn Jahre lang nichts als Ziegenmilch getrunken", sagt er.

Die meisten Fürsten jener Zeit hatten andere Dinge im Sinn als Gandhi und die nationalistische Bewegung. Sie waren zwar für Unabhängigkeit von den Briten, hatten dabei aber meist die Unabhängigkeit ihrer einzelnen Staaten im Auge und nicht die Unabhängigkeit von Indien insgesamt. Sie bemühten sich, die aufrüttelnde Rede zu vergessen, die Gandhi 1916 bei der Eröffnung der Hindu-Universität in Benares gehalten hatte. „Es gibt nur dann eine Erlösung für Indien, wenn Ihr diesen Schmuck ablegt und ihn für Eure indischen Landsleute verwahrt", hatte der Mahatma den in ihren prachtvollen Gewändern lauschenden Herrschern gesagt. „Es ist sicher nicht der Wunsch des Königs und Kaisers oder Lord Hardinges (des Vizekönigs), daß wir, um unserem obersten Herrn unsere Treue zu bezeigen, unsere Schmuckschatullen zu öffnen und von Kopf bis Fuß mit Juwelen bedeckt erscheinen sollen."

Während die Unabhängigkeitsbewegung an Boden gewann, zogen die meisten Herrscher es vor, das Geld ihrer Untertanen zu verschwenden, sei es in Indien selbst oder – häufiger – in den Grandhotels und Nachtclubs, an den Spieltischen und Rennbahnen von Großbritannien und Kontinentaleuropa. Seit der edwardianischen Zeit, besonders aber in den zwanziger und dreißiger Jahren, waren sie exotische Glanzlichter der Amüsiergesellschaft der europäischen Reichen und Neureichen, schlemmten, tranken, spielten, flirteten, kauften ganze Abteilungen der teuersten Geschäfte und Warenhäuser leer, um ihre Günstlinge zu beschenken und ihre Paläste zu möblieren (einige Kisten waren noch nicht einmal geöffnet, als Indien unabhängig wurde), und zeichneten sich bei Kricket und Polo aus, während sie daheim lieber Wildschweine und Tiger erlegten und den Vizekönigen und leitenden britischen Beamten Schlachtfeste ausrichteten, bei denen das Blut zigtausender unschuldiger Kreaturen floß.

Die Behandlung, die die britische Regierung ihnen 1947 zuteil werden ließ, besonders aber die Haltung des letzten Vizekönigs, Lord Mountbattens (der immerhin selbst aus einer Herrscherfamilie stammte), war für die meisten von ihnen zweifellos ein gewaltiger Schock. „Es war wie die Französische Revolution, nur daß keiner guillotiniert wurde", bemerkte James Ivory dazu. „Sie wurden bloß einfache Bürger." Nachdem sie die Alliierten in beiden Weltkriegen loyal unterstützt hatten, erwarteten sie, daß die Briten ihnen vor ihrem Abzug aus Indien eine Rolle als Herrscher garantieren würden. Sie hatten den Rat, den Gandhi ihnen 1942 kurz vor seiner Verhaftung gegeben hatte, nicht ernst genommen: „Ich wünsche den Fürsten alles Gute ... Ich möchte sie in aller Bescheidenheit auffordern, ihre Freude durch Thronverzicht kundzutun."

Ihr Augenblick der Wahrheit kam am 25. Juli 1947, als Mountbatten in seiner weißen Admiralsuniform vor die Fürstenkammer trat und ihnen dringend ans Herz legte, ihre souveränen Rechte an Indien beziehungsweise Pakistan abzutreten. Am 15. August, also in drei Wochen, sollten die beiden Länder völkerrechtlich unabhängig werden. Der Maharadscha von Bikaner, einem der fortschrittlichsten Staaten, unterzeichnete als erster, am 7. August, weil „er sein Vertrauen in Mountbatten und die Führer des freien Indiens gesetzt hatte", wie sein Sohn Dr. Karni Singh, der jetzige Maharadscha, sagt. Der Maharadscha von Bharatpur mußte um Mountbattens offizielle Genehmigung ersuchen, um zu unterschreiben, da er noch nicht das gesetzlich vorgeschriebene Mindestalter erreicht hatte, um rechtsgültige Verträge zu unterzeichnen. Der Maharadscha von Dschodhpur zog einen Revolver und erklärte dem Sekretär Sardar Patels, des für die Fürsten zuständigen Abgeordneten der Kongreßpartei, er würde „ihn wie einen Hund niederschießen, wenn er das hungernde Volk von Dschodhpur verriete". Der Maharadscha von Indore schickte seine Verzichtserklärung endlich nach langem Zögern mit der gewöhnlichen Post.

Der Nizam von Haiderabad, der Maharadscha von Dschammu und Kaschmir und der Nawwab von Dschunagadh, einem kleinen Staat in Gudscharat nahe der Grenze zu Pakistan, hatten am 15. August immer noch nicht unterzeichnet. Als die neue Zentralregierung dem Nawwab Gewalt androhte, floh er nach Pakistan, und sein Land fiel an Indien. Es gehörten mehr als Drohungen dazu, um den Nizam von Haiderabad im September 1949 zur Vernunft zu bringen, aber zu Blutvergießen kam es nicht. Der widerspenstige Herrscher hatte übrigens erwogen, sich von Indien wie Pakistan zu lösen, da er der Meinung gewesen war, er könnte nach dem Abzug der Briten tun, was er wolle.

Der Herrscher von Kaschmir, Maharadscha Hari Singh, ein Hindu, dessen Untertanen überwiegend aus Moslems bestanden, war auf lange Sicht das größte Problem; seine Schwierigkeiten wurden bald vor den Vereinten Nationen erörtert. Nachdem indische Truppen eine pakistanische Invasion in Kaschmir zurückgeschlagen hatten, wurde Hari Singh schließlich von der Regierung in Neu-Delhi überredet, den Thron für seinen Sohn Karan Singh, mit dem sich die Moslems in Kaschmir eher abfinden würden, frei zu machen. Er dankte zwar nicht offiziell ab, hielt aber weiter die Vertreter des neuen Zeitalters, das egalitärer war als das seine, mit seinen Äußerungen in Atem.

Vater und Sohn verkörpern die heutigen Spannungen Indiens zwischen alten Loyalitäten und neuen demokratischen Ideen. Trotz des väterlichen Widerstands wankte Karan Singh nie in seiner Unterstützung für Nehru und die Kongreßpartei, aber in seinen Erinnerungen hat er dann eingeräumt: „Unabhängige Beobachter stimmen bis zum heutigen Tag darin überein, daß seine Verwaltung und sein Justizwesen viel gerechter waren als die der Zeit nach 1947. Die Korruption war weit weniger verbreitet und wurde streng bestraft, sobald sie ans Licht kam." Diese Feststellung galt für mehr frühere Fürstenstaaten, als ein überzeugter Demokrat wie Nehru oder eine nicht ganz so überzeugte Demokratin wie Indira Gandhi jemals zugegeben hätte.

Eine Reihe von Fürsten und einige wenige Fürstinnen wandten sich nach 1947 der Politik zu, hatten aber in den meisten Fällen keinen dauerhaften Erfolg, obgleich sie gewöhnlich von der Mehrzahl ihrer ehemaligen Untertanen zu Abgeordneten gewählt wurden. Hanwant Singh, der Maharadscha von Dschodhpur, war 1952 einer der ersten, die sich dem Wählervotum stellte. Karni Singh von Bikaner, Lakshman Singh von Durgapur, Madhaw Rao Scindia von Gwalior und seine Mutter sowie Fatehsinghrao von Baroda folgten seinem Beispiel. 1971 saßen 24 Fürsten im Lok Sabha (Unterhaus) des Parlaments, und im selben Jahr gelang es Ministerpräsidentin Indira Gandhi, die bei der Unabhängigkeit garantierten staatlichen Apanagen abzuschaffen. Diese Unterhaltszahlungen beliefen sich damals auf rund zwei Millionen Pfund jährlich (von einem Gesamtbudget von einer Milliarde Pfund), und der Maharadscha von Maisur stand mit 115 000 Pfund im Jahr ganz oben auf der Liste. Die Fürsten bemühten sich, das Unvermeidliche zu verhindern, aber sie waren in ihrem Widerstand gegen die Ministerpräsidentin ebenso uneins wie früher, zur Zeit der britischen Vizekönige, in ihrem Widerstand gegen die Rangordnung. Zitieren wir den Nawwab von Pataudi (einem winzigen Staat südwestliche von Delhi), der ein berühmter Kricketspieler war:

„Ich erlebte, daß viele von ihnen dieselben Streitigkeiten hatten wie vor zweihundert Jahren, als der eine nicht mit dem anderen sprach, weil der Urgroßvater von irgend jemandem dem Urgroßvater von irgend jemand anderem irgend etwas angetan hatte. Es war für mich in vieler Hinsicht verblüffend, und es zeigte mir, daß sie, wenn sie 1970 nicht gemeinsam vorgehen konnten, auch 1947 niemals imstande gewesen wären, gemeinsam vorzugehen. Einer der Fürsten stand sogar auf und sagte: ‚Ich fürchte, dies ist das letzte Treffen, an dem ich teilnehmen werde, denn meine Apanage beträgt hundertzweiundneunzig Rupien, und ich kann mir die Eisenbahnfahrt nicht leisten'."

Gayatri Devi, die Maharani von Dschaipur, ragt schon deshalb aus der Reihe der fürstlichen Politiker heraus, weil sie eine international gefeierte Schönheit war. Sie bekam bei den Parlamentswahlen von 1962 175 000 Stimmen mehr als der unterlegene Bewerber der Kongreßpartei. Wie sie gern sagt, hatte dieses Ereignis zur Folge, daß die Herrscherfamilie von Dschaipur nun zweimal – „aus denkbar gegensätzlichen Gründen" – im Guinness-Buch der Rekorde verzeichnet ist: wegen der „teuersten Hochzeit der Welt" (1948) und wegen der größten Mehrheit, die je von einem Kandidaten bei Wahlen in einem demokratischen Land errungen wurde. Es hatte aber auch zur Folge, daß sie sich den Groll Indira Gandhis zuzog, die sie beim Notstand von 1975 bis 1977 zusammen mit der Mutter des Maharadschas von Gwalior ins Gefängnis stecken ließ.

Ihr Wahlkampf war für sie eine außergewöhnliche Erfahrung, ein „Beweis der Liebe" der Bewohner ihres Staates, von denen manche achtzig Kilometer weit zu Fuß gingen, um sie reden zu hören, und sehr enttäuscht waren, weil sie absichtlich nicht den kleinsten Schmuck trug. Sie kam zu dem Schluß, daß ihre Entscheidung, für die Opposition der regierenden Kongreßpartei zu kandidieren, bei den Wählern den Ausschlag gegeben hatte. Diese Menschen mochten einfach und ungebildet sein, aber sie wußten, daß sie, die Maharani, es nur aus Pflichtgefühl und nicht zu ihrem persönlichen Nutzen tun konnte. Ihr Mann, der Maharadscha Dschai Singh, der sich nie politisch betätigt hatte, war zunächst skeptisch, aber dann unterstützte er sie beim Wahlkampf. Bei einer denkwürdigen Gelegenheit erklärte er vor Tausenden von Radschputen, seine Gegner machten ihm den Vorwurf, er lasse seine Frau und seine beiden Söhne stellvertretend für sich kandidieren. „Sie sagen, wenn ich hundertsechsundsiebzig Söhne hätte" – eine Anspielung auf die Zahl der Sitze im Parlament von Radschasthan – „würde ich auch sie kandidieren lassen. Aber sie scheinen nicht zu wissen", fuhr er mit einer entwaffnenden vertraulichen Geste zum Publikum fort, „daß ich weit mehr als hundertsechsundsiebzig Söhne habe, nicht war?"

Der „ohrenbetäubende Jubel", der auf seine Bemerkung folgte, während er gleichzeitig von Blumen überschüttet wurde, überzeugte die Maharani endlich davon, daß sie gewinnen würde.

Andere entmachtete Herrscher mieden die Politik und wandten sich der Diplomatie, dem Schutz wildlebender Tiere oder dem Geschäftsleben zu. Einige ihrer Paläste sind heute Hotels mit einem unnachahmlichen Flair; wer würde nicht lieber in einem richtigen Märchenschloß übernachten als in den neuen Fünfsterne-Betonburgen in Delhi und Bombay, die sich als Maharadschapaläste gerieren? Der Seepalast in Udaipur und der Ram Bagh in Dschaipur gehörten zu den ersten Schlössern, die in Hotels umgewandelt wurden, und heute wird auch der letzte in Indien erbaute Herrscherpalast, der Umaid Bhawan in Dschodhpur, als Luxusherberge genutzt, obgleich der Maharadscha und seine Familie weiterhin einen Flügel bewohnen. Den gewaltigen Palästen in Baroda und Gwalior ist dieses Schicksal bisher erspart geblieben, und viele der kleineren Schlösser haben eine ungewisse Zukunft. Sie sind in manchen Fällen als Hotel ungeeignet, ihre Besitzer können sie nicht unterhalten, und die Regierung will es nicht, weil sie vor den Kosten zurückscheut. Viele verfallen einfach und bieten dem Besucher, der auf der Suche nach dem Indien der Maharadschas ist, ein einzigartiges Schauspiel seiner Legenden und Geister.

Die Legenden und Geister leben auch im Volkstheater Radschasthans fort, zum Beispiel in dem (manchmal eine ganze Nacht währenden) *Radscha Bharthari,* dessen Held ein König ist, der im goldenen Zeitalter des Kaisers Wikramaditja über ein sehr kleines Land herrschte. Er ist ein vorbildlicher Monarch, hat aber eine verhängnisvolle Schwäche: seine verzehrende Leidenschaft für seine Frau Pingali. Sie hintergeht ihn und schenkt ihrem Liebhaber einen Ring mit dem königlichen Siegel, und der Liebhaber gibt ihn einer Dirne. Man findet den Ring bei dieser und bringt ihn dem König zurück. Bharthari ist vernichtet und entsagt dem Thron, um im Wald zu büßen. Dort meditiert er im *asram* eines Heiligen. Endlich findet er seinen Frieden wieder und wird, als sein Guru gestorben ist, der Lehrer des *asram.* Inzwischen sieht Pingali ihren Fehler ein und versucht, ihren Mann daran zu hindern, der Welt zu entsagen, aber er läßt sich nicht umstimmen. Sie ergibt sich in ihr Schicksal, tritt ebenfalls in den *asram* ein und wird dort eine Magd.

Uma Anand hat in ihrem Buch *Mansions of the Sun* festgehalten, wie ein typisches Bauernpublikum in Radschasthan auf die alte Legende reagiert. Seine Reaktion läßt die wahre Haltung der Herrscher und der Beherrschten zum Königtum erkennen. Als Bharthari auf dem Höhepunkt des Stücks von Pingalis Betrug erfährt, „ging ein leises Stöhnen, das dem Geräusch verwehten Sandes glich, durch die Menge. Die Zuschauer empfanden Bhartharis Schmerz als ihren eigenen und akzeptierten das Urteil wie er. Nicht die Umstände – die Entdeckung des Verrats, die Handlungen der anderen, die Schwäche der Frauen – waren verantwortlich, sondern einzig und allein Bhartharis verhängnisvolle Bindung an das Objekt seiner Begierde ... Die *maya,* die Illusion, hatte sich so schnell aufgelöst wie eine Fata Morgana in der Wüste, und mit ihr Liebe, Reichtum, Ruhm und Macht, die der König fälschlicherweise für real gehalten hatte. Die Zuschauer fanden seinen Entschluß vollkommen logisch und verstanden ihn. Und dann läuterte der Heilige die leidenschaftliche Liebe eines Königs zu Barmherzigkeit mit allen Menschen."

Die Traditionen der Maharadschas haben zwar an Glanz und Pracht verloren, und einige von ihnen, so die haremartige Absonderung der Frauen und die Witwenverbrennung, sind so gut wie verschwunden, doch all das, was geblieben ist, wird sich wahrscheinlich halten. Indien ist schon immer ein Land extremer Kontraste und Unterschiede gewesen, und die Inder finden aristokratische Werte und Freuden genauso reizvoll wie der Rest der Welt – wenn nicht noch reizvoller. Warum sonst ist Mahatma Gandhi der Vater des unabhängigen Indiens, warum sonst ist ausgerechnet ein Maharadscha das Symbol der nationalen indischen Luftfahrtgesellschaft?

1

Durbar

Zeremonien, die eines

Herrschers würdig sind

Durbar ist ein Wort persischen Ursprungs, das die Moguln nach Indien brachten. Es umfaßt die ganze Existenz eines Herrscherhofs. Die britischen Machthaber in der alten Mogulnhauptstadt Delhi erfüllten es jedoch nur dreimal mit Leben: 1877, als Königin Viktoria zur Kaiserin von Indien erhoben wurde (obgleich sie nicht persönlich erschien), 1903, als Eduard VII. zum Kaiser gekrönt (und von seinem Bruder, dem Herzog von Connaught, vertreten) wurde, und schließlich 1911, als Georg V. gekrönt wurde (und kam – er war der einzige regierende britische Monarch, der vor 1947 seinen Fuß auf indischen Boden setzte).

Bei jener Gelegenheit waren 75 Quadratkilometer der Ebene von Delhi mit Zelten bedeckt, die insgesamt 233 Lager bildeten. Allein das Lager des Königs war 51 Hektar groß. Die Fürsten und ihr Gefolge hielten natürlich auf Elefanten Einzug und absolvierten all die komplizierten Rituale, die die Engländer den Moguln abgeguckt hatten. Zum Durbar von 1903 gehörte auch die „Parade des Jahrhunderts", zu der James Ivory bemerkt: „Der Triumph der Vasallen des Ostens im alten Rom konnte nicht prachtvoller gewesen sein."

Diese gewaltigen Schauspiele waren nur die grandiosesten Bespiele der vielen Zeremonien, mit denen die Fürsten die britischen Repräsentanten in ihren eigenen Staaten begrüßten, um ihren Subalternenstatus auf augenfällige Weise zu demonstrieren: Sie ließen gleichsam einen roten Teppich ausrollen, der nicht nur einen Bahnsteig bedeckte, sondern eine ganze Stadt.

Die Pannen oder protokollarischen Schnitzer, die beiden Seiten unterliefen, waren ohne Zahl und bilden noch heute Stoff zum Lachen. Damals mußten sie jedoch vielen Briten das Rot in die Wangen getrieben haben; zum Glück für viele Fürsten ist Röte auf braunen Wangen nicht so leicht zu erkennen. Karan Singh von Kaschmir erinnert sich an zwei Zwischenfälle, die sich ereigneten, als Lord Mountbatten seinen Vater, Maharadscha Hari Singh, besuchte. Sie mögen hier stellvertretend für all die anderen stehen.

Bei einem Bankett zu Ehren Mountbattens war unter der Tischplatte ein Klingelknopf angebracht, den der Maharadscha am Ende des Dinners drücken sollte, damit die Kapelle „God Save the King" spielte. Mountbatten, der neben dem Herrscher saß, war so groß, daß er versehentlich mit dem Knie an den Klingelknopf stieß, so daß die Kapelle pflichtschuldigst spielte. „Wir alle standen mitten beim Hähnchencurry tapfer auf. Mein Vater war wütend und lief krebsrot an, aber zum Glück war niemand da, dem er die Schuld geben konnte. Mountbatten lachte unbändig, als er erfuhr, was geschehen war, und ich bekam, obgleich meine Mutter mir strenge Blicke von der anderen Seite des Tisches zuwarf, einen Lachanfall, der mich fast vom Stuhl fallen ließ."

Später stellte der Maharadscha dem Vizekönig bei einem Gartenfest alle seine Beamten vor, die sich in einer vorher genau festgelegten Reihenfolge nebeneinander aufgestellt hatten. Als der Maharadscha jedoch begonnen hatte, die Namen herunterzuleiern, merkte er plötzlich, daß er alle mit einem falschen Namen vorstellte; einer von ihnen mußte sich falsch eingeordnet haben. „Ich weiß nicht, wer schockierter war, er oder die Beamten, aber Mountbatten fiel offenbar nicht auf, daß etwas nicht stimmte, oder aber er war zu höflich, es sich anmerken zu lassen."

Karan Singh war sechzehn, als er Mountbattens Besuch miterlebte. In diesem Alter waren die meisten jungen Prinzen schon zu Hause und wahrscheinlich auch in der Schule in grundlegenden Protokollfragen unterwiesen worden. In einem frühen Tribut an die ungewisse Zukunft, den er später vielleicht bereute, hatte Hari Singh seinen Sohn 1942 auf die Doon-Schule am Fuß des Himalaya geschickt (wo viele Angehörige der westlich ausgerichteten indischen Elite, darunter auch Rajiv Gandhi, unterrichtet wurden). Die Prinzen der wichtigeren indischen Staaten kamen gewöhnlich auf das Mayo College in Adschmer im Herzen Radschasthans. Das nach einem Vizekönig benannte College war 1875 gegründet worden und hatte sich bald zum „Eton des Ostens" entwickelt. Wie einzigartig es war und wie wenig Ähnlichkeit es damals wie heute mit Eton hatte, läßt sich daran ablesen, daß der achtjährige Thronerbe von Alwar dort auf einem brokatbehangenen Elefanten mit einem Gefolge von Trompetern, Trägern, Lastkamelen und berittenen Helfern Einzug hielt, als er 1890 seine „Studien" begann. Er hatte 500 Diener, zwölf Elefanten und 600 Pferde.

Die jungen Prinzen wohnten genau wie die Schüler von Eton oder irgendeiner anderen Privatschule in Häusern, aber es waren Häuser, bei deren Anblick ihre britischen Kameraden große Augen gemacht hätten. Jedes von ihnen trug den Namen „seines" Staats, und der Prinz und sein Gefolge waren die einzigen Bewohner. Jedes war ein kleiner Palast mit Bogengängen, weiten Terrassen und Wageneinfahrten, „wo der Chauffeur den Bentley und den Silver Ghost, auf deren cremefarbenen Lederpolstern ein paar unberührte Schulbücher herumlagen, angenehm kühl halten konnte", wie Ann Morrow spitz bemerkte.

Lockwood Kipling, der Leiter der Kunstakademie in Lahore und Vater des *Dschungelbuch*-Verfassers, entwarf das Wappen des Mayo College: Radschputenkrieger in Rot, Gold, Weiß, Grün und Blau mit Pfauen und Säbeln. Aber es herrschte nicht der Geist der alten Radschputen, sondern eine britische Atmosphäre wie auf einer viktorianischen Privatschule, deren Lehrer ihren Zöglingen manches durchgehen ließen. Gute Prüfungsergebnisse wurden (anders als am heutigen Mayo College) nicht erwartet, während die Schüler beim Reiten, Schießen und Polo glänzen mußten. Gandhi hatte recht, als er den jungen Prinzen am Radschkumar College in Kathiawar (das 1870 als erste Prinzenschule gegründet worden war) 1933 erklärte: „Sie leben hier doch wie in einem Treibhaus und werden zu dem Glauben angehalten, daß Gott Sie gleichsam mit einem himmlischen Wesen versehen hat." Er hatte auch – wenigstens subjektiv – recht, als er hinzufügte: „Deshalb befürchte ich, daß all Ihre Bildung vergeblich sein wird, wenn Sie nicht auch die Kunst erlernen, sich mit den Ärmsten des Landes eins zu fühlen."

Einstellungen, wie sie im Mayo College gefördert wurden, machen nicht zuletzt plausibel, warum die Fürstenfamilien Radschasthans jeden Vorwand zum Festefeiern benutzten und mit Hilfe eigener und fremder Bräuche einen absurd anmutenden Reigen von Festen entwickelten, der das ganze Jahr umfaßte. Gayatri Devi erinnert sich, daß das erste Weihnachten, das sie nach ihrer Heirat in Dschaipur erlebte, ganz nach westlicher Art mit Tannenbaum und Geschenken gefeiert wurde, um ihren englischen Gouvernanten, Erzieherinnen und Kindermädchen einen Gefallen zu tun. Draußen brannte die Sonne vom Himmel, und abends kam der Weihnachtsmann „unter jubelndem Applaus" auf einem prachtvoll geschmückten Elefanten geritten.

Das Frühlingsfest *holi* wurde von ihrer Familie damals genauso begangen, wie sie und ganz Indien es noch heute tun; man bestreute einander mit rotem Pulver und besprühte sich mit buntgefärbtem Wasser aus Injektionsspritzen. Miniaturmalereien aus dem 18. Jahrhundert zeigen ähnliche Szenen in den Radschputenstaaten, und Tod hat sehr anschaulich geschildert, wie der *holi* zu Beginn des vorigen Jahrhunderts in Udaipur gefeiert wurde:

„Der Rana geht zu den Königinnen und ihren Dienerinnen im Palast, und dann läßt man alle Zurückhaltung fahren, und die allgemeine Ausgelassenheit kennt keine Grenzen mehr. Das glanzvollste Schauspiel ist jedoch der holi *zu Pferde, der auf der Terrasse vor dem Palast gespielt wird. Jeder Edle, der sich daran beteiligen möchte, bekommt einen reichlichen Vorrat von Wurfgeschossen aus dünnen Glimmer- oder Talkumplättchen, in denen sich ein scharlachrotes Pulver namens* abira *befindet, und sie entfalten die elegantesten und schwierigsten Reitkünste, um einander damit fröhlich und scherzend zu bewerfen … Wer sich nicht gänzlich abseits hält, wird unweigerlich in den Trubel hineingezogen, denn eine dritte Möglichkeit gibt es nicht."*

Bei einem anderen Fest der Radschputen feierte man das Opium, das im Tal um Udaipur in großen Mengen aus weißem Schlafmohn gewonnen wurde. In den Wüstenregionen Radschasthans heißt man einen Gast noch heute willkommen, indem man ihm in der hohlen Hand einen Schluck Opiumwasser reicht. Die Herrscherfamilie von Dschodhpur ritualisierte diesen Brauch beim alljährlichen Akhatji-Fest, bei dem Verwandte und lokale Würdenträger Opiumwasser aus der Hand des Maharadschas trinken, während in den Dörfern der Umgebung ähnliche Zeremonien stattfinden.

Tod mißbilligte den Genuß von Opium, weil es „die Radschputen der Hälfte ihrer Tugenden beraubte", doch gleichzeitig verstand er die Bedeutung des Rauschmittels. „*Amal al khana* oder ‚der gemeinsame Verzehr von Opium' ist das heiligste aller Gelöbnisse, und eine durch diese Zeremonie besiegelte Vereinbarung ist stärker als jeder Schwur … Nach den schiefen Gesichtern zu urteilen … kann es niemandem schmekken, und um den Übelkeit erregenden Geschmack zu vertreiben, werden anschließend Konfektkugeln herumgereicht. Es ist sonderbar, die belebende Wirkung des Opiums zu beobachten; ohne seinen *amal* ist ein Radschpute zu nichts nütze, und ich habe ihre Geschäftsleute oft fortgeschickt, um ihren Geist durch eine Dosis anzuregen, denn sobald seine Wirkung nachläßt, verwandeln sie sich in Holzklötze."

Die interessantesten und glanzvollsten Zeremonien Radschasthans und anderer indischer Staaten fanden jedoch bei der Krönung eines Herrschers und bei Fürstenhochzeiten statt. Dschagat Singh II. von Udaipur, der Mitte des 18. Jahrhunderts den Seepalast errichtete, ließ sich seine Krönungsfeierlichkeiten, wie Tod berichtete, fast die Staatseinnahmen eines Jahres kosten (zu einer Zeit, in der sein Land eine wirtschaftliche Blüte erlebte). Bis in die späten zwanziger Jahre unseres Jahrhunderts, als die Fürstenkammer eine Begrenzung der Apanagen auf einen bestimmten Prozentsatz der jährlichen Einnahmen des Staates (gewöhnlich zehn

Prozent) durchsetzte, war es nicht ungewöhnlich, daß Fürsten die Hälfte der Staatseinnahmen für eine Hochzeit ausgaben. Gayatri Devi erinnert sich an die Vorbereitungen für die legendäre Hochzeit in Dschaipur im Jahr 1948: „Das Buch mit den Instruktionen für unsere Dienstboten und all die jungen Adeligen, die uns halfen, war ungefähr fünf Zentimeter dick und umfaßte jede Gesellschaft, jedes Fest, jede Zeremonie, jede Unterhaltung sowie Programme für jede einzelne Gruppe von Gästen und ihr Gefolge. Man hatte sogar daran gedacht, die Speisekarten für die Dienerschaft zu verzeichnen und den Dienstboten Aussichtspunkte zuzuweisen, von denen aus sie die Prozessionen beobachten konnten." Was für eine Aussteuer die Braut mitbekam, mag der Phantasie des Lesers überlassen bleiben; die Kleider und Wäsche, die Gayatri Devi acht Jahre vorher in die Ehe gebracht hatte, stammten jedenfalls aus den besten Geschäften Europas – und wären um ein Haar im Hotel Ritz in Paris vergessen worden.

Gayatri Devi, die dritte und jüngste Rani des glänzenden Herrschers von Dschaipur, war die romantischste Verbindung eingegangen, die es, wenigstens seit der Ankunft der Briten, im Indien der Maharadschas gegeben hatte. Sie war die Tochter der Prinzessin Indira von Baroda, ebenfalls eine gefeierte Schönheit, und die Enkelin des berühmten Sayaji Rao. Ihre willensstarke Mutter hatte es geschafft, den Fürsten ihrer Wahl, den Maharadscha von Cooch Behar, eines kleineren Staates in Nordbengalen, zu heiraten, obgleich Sayaji Rao den angesehenen, unermeßlich reichen und sehr konservativen Maharadscha von Gwalior für sie ausgesucht hatte. Ohne ihren Eltern ein Wort davon zu sagen, hatte sie dem Herrscher von Gwalior einfach in einem Brief mitgeteilt, sie wolle ihn nicht heiraten, und damit einen Eklat heraufbeschworen. Aus diesem Grund war sie von vornherein in einer schwachen Position, als ihre Tochter die Bitte aussprach, Dschai – wie er damals hieß – zu heiraten, in den sie sich mit vierzehn Jahren verliebt hatte. Sie versuchte, Gayatri von dem Gedanken an diese Verbindung abzubringen, und als es ihr nicht gelang, ließ sie ihre Tochter warten, ehe sie etwas Unwiderrufliches tat, doch zuletzt willigte sie gnädig ein.

Die Hochzeit von Karan Singh, Maharadscha von Kaschmir und Radschpute wie Dschai Singh, war das genaue Gegenteil. Sein Vater hatte ihn schon in jungen Jahren, wohl um dem Maharadscha von Dschodphur eins auszuwischen, mit einer Prinzessin aus dem Herrscherhaus von Ratlam verlobt. Als Karan Singh ungefähr achtzehn war, löste sein Vater die Verlobung ebenso unvermittelt, wie er sie geschlossen hatte, und machte Pläne, ihn mit einer zwölfjährigen Prinzessin aus Nepal zu vermählen. Diesmal, sagt Karan Singh, „wollten meine Eltern, daß ich die Prinzessin vorher kennenlernte, denn die Zeiten hatten sich geändert" – soeben war die Unabhängigkeit ausgerufen worden, und in Kaschmir herrschte Aufruhr. Die beiden aßen schweigend, während ihre Eltern, vor allem die Mütter, unaufhörlich redeten. „Nach dem Essen stiegen wir ins Auto, und ich sagte ‚Ja'. Wie ich später erfuhr, wurde die Prinzessin nicht einmal gefragt, welchen Eindruck sie von mir gewonnen hatte!"

Sie heirateten am 5. März 1950 nach radschputischem Brauch, allerdings nicht in Kaschmir, sondern in Bombay, wo Hari Singh sich niedergelassen hatte, nachdem er im August 1947 aus Kaschmir geflohen war. Die Prozession des Bräutigams von der Nepean Sea

Road 19 zum Haus der Braut, dem nur einige Nummern weiter gelegenen Kutch Castle, dauerte eine halbe Stunde.

Sie bestand aus einer Militärkapelle, der vierundzwanzig Diener folgten, von denen jeder ein silbernes Tablett mit Brautgeschenken – Schmuck, Stoffe, getrocknete Früchte und Süßigkeiten – trug. Es folgten Maharadscha Hari Singh, der eine kostbare, mit Smaragden und Brillanten besetzte Krone mit passendem Säbel und alle seine Orden trug, und eine Reihe von Verwandten, darunter einige andere ehemalige Herrscher in Staatsgewändern. Dann kam der Bräutigam in einem hellrosa Hemd, engen Seidenhosen und einem langen Brokatumhang; er trug einen Turban und war über und über mit Brillanten geschmückt. Der junge Mann thronte in „einsamer Pracht" in einem aufgeputzten offenen Packard, der dem Thakor Sahib von Dhrol gehörte, einem der dicksten Männer der Welt, was den Vorteil hatte, daß Karan Singh, der gerade eine schmerzhafte Beinoperation überstanden hatte, bequem sitzen konnte. Bei der Heiratszeremonie konnte er seinen Säbel dann als Gehstock benutzen.

Die Feierlichkeiten endeten mit einer Party, wie es auch im Westen üblich ist, nur daß ein großer schwarzer Ziegenbock über die Köpfe des Paars gehoben wurde, um den bösen Blick von den Jungvermählten abzuwenden. Dann traten die beiden zu der glänzenden Gästeschar, und der Champagner floß wie der Strom des Paradieses in der Roten Festung von Delhi. Aber Karan Singh hatte, wie er sich später bekümmert erinnerte, ein dreizehnjähriges Mädchen geheiratet, das er nur für eine halbe Stunde gesehen hatte. „Als wir schließlich zu unserem Zimmer hinaufgingen, war es zwei Uhr morgens. Nachdem wir alle unsere Schmuckstücke und Brokatgewänder abgelegt hatten, wurde uns bewußt, daß wir in Wahrheit blutjunge Fremde waren. Auf diese Weise wurden wir dann Mann und Frau."

Gaj Singh II., der jetzige Maharadscha von Dschodhpur, der 1973 heiratete, hatte sich zunächst heftig gegen eine Vernunftehe gewehrt. Als ehemaliger Eaton-Schüler und Oxford-Student konnte er bereits auf eine Reihe britischer Freundinnen zurückblicken, als seine Mutter ihm einige Mädchen ihrer Wahl vorschlug. Wie so viele junge Inder der neuen Generation lehnte er sie alle ab, da er es vorzog, seine Zukünftige nicht „wie eine Ziege oder eine Kuh, sondern wie ein menschliches Wesen" zu betrachten. Widerstrebend erklärte er sich bereit, Prinzessin Hemlata von Poonch, einem Staat im heutigen Pakistan, kennenzulernen. Die Begegnung sollte in einem der bekanntesten Hotels von Neu-Delhi stattfinden, einer minderwertigen Kopie seines eigenen Palastes, des Umaid Bhawan. Es war keine Liebe auf den ersten Blick. Die Prinzessin reichte ihm eine Schale mit Gebäck, und er sagte „Nein, vielen Dank", ohne sie auch nur anzublicken. Sie dachte: „Er ist hochnäsig und kühl, diesen Snob heirate ich bestimmt nicht!"

Einige Zeit später machte ein Onkel Hemlatas einen neuen Versuch. Er rief den Maharadscha an und bat ihn inständig, „das arme unschuldige Mädchen" zu retten. Der Maharadscha willigte ein, sie noch einmal zu sehen, vorausgesetzt, sie würden allein sein. So trafen sie sich wieder, in einem kleinen indischen Fiat, und blieben eine Ewigkeit darin sitzen, „um alles wie vernünftige Leute zu besprechen". Sie beschlossen, „gemeinsam zu wachsen und dabei zu lernen, einander zu lieben".

Die Hochzeit war im Februar 1973, und sie scheinen – wie Karan Singh und seine Frau – zusammen sehr glücklich zu sein.

Manche Aspekte der Hochzeitsfeierlichkeiten in Radschasthan haben sich im Lauf der Zeit geändert, besonders die schier unerschwinglichen Kosten, aber die grundlegenden Merkmale sind geblieben. Die Braut ist immer noch *kesaria,* die „Safrangewandete", denn Safran ist die Farbe der Freude und Lebensbejahung, und der Bräutigam berührt den Zierbogen am Eingang des Hauses der Braut immer noch mit seinem Schwert, um den alten Brauch der Entführung der Geliebten heraufzubeschwören. Die Braut trägt nach wie vor *churra,* die roten Armreifen, die den *suhag* oder ehelichen Segen symbolisieren, und läßt ihre Hände und Füße mit roten Blumen- und Rautenmotiven bemalen, die für Radschputen ungefähr das sind, was Spitzenwäsche für den Bewohner des Westens bedeutet.

Wie bei traditionsbewußten Hindufamilien in ganz Indien erfährt der Bräutigam das günstigste Hochzeitsdatum aus einem safranfarbenen Brief, den die Familie der Braut seinen Eltern erst kurz vorher – gewöhnlich vierzehn Tage vor dem Ereignis – schickt. Von nun an lassen Braut und Bräutigam jeden Tag daheim den *pithe* über sich ergehen. Bei den Radschputen wird diese Salbungszeremonie allerdings nur an den drei Tagen durchgeführt, die der Vermählung vorangehen. Uma Anand, eine zeitgenössische Expertin für Radschput-Bräuche, sieht den Grund darin, daß man in früheren Jahrhunderten meinte, zwei Wochen seien eine zu lange Wartezeit: Der Bräutigam hätte in den Krieg gerufen werden können.

Im Mittelpunkt eins anderen interessanten und hübschen Brauchs der Radschputen steht der Pfau, ein Vogel, der im Leben der Herrscher und ihrer Untertanen eine große Rolle spielt und die Mauern und Tore vieler Paläste schmückt.

In der Hochzeitsnacht singen Frauen vor dem Zimmer der Jungvermählten den *moria* („Pfau"). Der Legende zufolge ging eine Braut vor langer Zeit zu einem Dorfteich, um zu baden, und traf einen radschlagenden Pfau, der ihr den Weg versperrte. Sie bat ihn, seine Schwanzfedern zusammenzulegen und sie vorbeizulassen, aber er weigerte sich und forderte sie auf, mit ihm zu fliehen. Sie war unfähig, seiner Schönheit zu widerstehen, und brannte mit dem Vogel durch. Ihre Schwägerin, die die Entführung beobachtet hatte, berichtete ihrem Bruder, daß seine Braut fortgelaufen sei. Man suchte das Paar, fand es, tötete den Pfau und brachte ihn und die Braut ins Dorf zurück. Der Pfau wurde gekocht, und die Braut wurde gezwungen, zur Strafe sein Fleisch zu essen. Sie gehorchte, aber sie wehrte sich gegen die höhnischen Vorwürfe ihres Mannes. Er redete als erster:

„Koch das, meine Schöne, und säubere es wohl,
dann werden wir es gemeinsam verzehren."
Die Speise wurde auf silbernen Platten aufgetragen,
und er und sie aßen sie gemeinsam.
„Du liefest mit ihm fort, meine Königin,
und nun läßt du dir sein Fleisch schmecken!"
Zornig stand die Dame auf
und stieß ihre Schale beiseite.
„Mädchen, eil gleich zum Basar
und laß einen schönen Pfau auf meinen Schleier sticken.
Mädchen, eil dann zur Straße der Goldschmiede

und laß einen prachtvollen Pfau auf meinen Armreif gravieren.
Mädchen, hol dann den Tätowierer,
damit er meine Augen mit meinem herrlichen Pfau schmückt."

„Warum wird in der ersten Nacht, die die Braut in ihrem neuen Heim verbringt, der *moria* gesungen?" fragt Uma Anand. „Ist es eine Warnung, das Treuegelübde zu brechen, das sie geleistet hat, eine Warnung vor den schlimmen Folgen des Ehebruchs? ... Das makabre Motiv, daß ein geliebtes Wesen getötet, gekocht und dem unwissenden oder wissenden Opfer als Speise vorgesetzt wird, findet sich in den Mythen vieler Kulturen. Die Frauen singen den *moria* deshalb, weil ‚es Brauch ist'. Sie wissen die Worte seit langem auswendig, und wahrscheinlich ist ihnen ihre grausige Bedeutung gar nicht mehr bewußt. Man kann nur hoffen, daß es dem jungen Paar genauso geht, wenn es den unheilvollen Text in der Hochzeitsnacht vernimmt."

Dieser konische Kopfschmuck mit hinduistischen Glückssymbolen wie dem Schwan und troddelähnlichen Anhängseln besteht aus Baummark, dem Material, mit dem auch die berühmten Original-Tropenhelme der Briten in Indien isoliert waren. Er wurde bei der Hochzeit der Schwester des Maharawal von Dschaiselmer getragen.

Chandrika Kumari, die Tochter von Maharadscha Sobag Singh, geht bei ihrer Hochzeit mit Dr. Adit Singh die Treppe des Adschit-Bhawan-Palasts in Dschodhpur hinauf. Als Radschput-Braut hätte sie nur die glückbringenden Farben Safran, Orange oder Rot zu tragen brauchen. Mit Henna hat man Ringelblumen und Girlanden auf ihre Hände und Füße gemalt, und ihre Begleiterinnen beschützen sie mit einem baldachinartig gehaltenen Schal vor allem Bösen. Die eigentliche Hochzeitszeremonie fand um zwei Uhr morgens statt, ein Zeitpunkt, den der Priester nach einem heiligen Almanach bestimmt hatte. Dabei wurde der am Kopf befestigte Schleier der Braut gehoben, und Braut und Bräutigam tauschten ihren ersten Blick aus.

Am Morgen nach der Zeremonie wünschen die Brauteltern ihrer Tochter Glück und Gesundheit, ehe sie den Palast verläßt. Der orangefarbene Schal ihres nun abwesenden Mannes wurde in der letzten Nacht feierlich mit dem gelben Schal der Braut verknotet und hängt jetzt am Hals ihres Vaters: Er darf auf keinen Fall am Boden liegen.

स्वागतम

Nächste Doppelseite: Einige der Hochzeitsgeschenke sind im Hof des Adschjit Bhawan ausgebreitet. Die Braut hat unter anderem Saris, erlesene Stoffe, Schmuck und Leckereien bekommen. Dr. Adit Singh steht auf einem Schemel, um seine Braut zu empfangen, die nun, als seine Frau, entschleiert ist.

Die Braut und ihre Eltern kommen zurück, um sich an das zeremonielle Feuer zu setzen, das die Jungvermählten siebenmal umschreiten mußten. Die Feuerstelle ist achteckig – eine Form von mystischer Bedeutung; der Priester sitzt links. Später besucht das Paar einen der Schreine des Dschaswant Thara, um den Ahnen der Braut stumm ihre Huldigung zu erweisen.

Die Prinzen genossen eine Erziehung, in der sich indische mit britischen Einflüssen mischten. Das Mayo College in Adschmer in Radschasthan ist nicht nur die berühmteste indische Privatschule, sondern auch – wie die Aula (links) erkennen läßt – die reichste. Es wurde 1875 ausschließlich für die Söhne des hohen Adels gegründet. Die jedes Jahr im Dezember statt-

findende Examensfeier, hier eine Aufnahme der Zeremonie von 1986, ist ein Höhepunkt im gesellschaftlichen Leben Delhis. Der Maharadscha von Dschodhpur (unten links) wurde nicht auf dem Mayo College erzogen, sondern in England – er besuchte Eton und studierte in Oxford.

Der Maharadscha von Dschodhpur setzt die Feierlichkeiten zu seinem Geburtstag fort. In der Ferne ragt der abweisende und unzugängliche Meherangarh (die Festung von Dschodhpur) auf. Seine Pfeiler und Mauern wurden mit einem Putz aus zerstampften Porzellanschnecken versehen, den man anschließend schliff und polierte, damit er wie Marmor aussah (nächste Doppelseite).

Der Maharadscha von Dschodhpur feiert seinen Geburtstag nach dem traditionellen hinduistischen Kalender. Er steht mit seinen Angehörigen und Gefolgsleuten auf den Stufen zum Dschaswant Thara (links) und betet am Grab seiner dort bestatteten Ahnen (unten). Radscha Dschaswant Singh war einer der großen Helden Marwars. Er kämpfte über ein Vierteljahrhundert – bis zu seinem Tod im Jahr 1681 – darum, das Joch des tyrannischen Mogulkaisers Aurangseb abzuschütteln. 1659 führte er ein Heer von 30 000 Radschputen gegen den Kaiser in die Schlacht, und fast die Hälfte seiner Männer wurde getötet. Als er mit den Überlebenden nach Dschodhpur zurückkehrte, hatte seine eigene Rani – seine Frau – die Festungstore schließen lassen und verweigerte ihm den Zutritt. Sie sagte, er müsse „siegen oder sterben“. Er brauchte eine Woche, um sie zu überreden, ihn einzulassen.

Die Radschputen waren für viele Laster bekannt, darunter für ihren übermäßigen Opiumkonsum. Heute wird das Rauschgift zeremoniell genossen. Das Akhatji-Fest findet jedes Jahr im Juni, dem Monat der Sandstürme, statt. Hier wartet der Maharadscha von Dschodhpur (links) mit seinen Verwandten im Umaid-Bhawan-Palast auf Gäste und reicht einem der bereits Eingetroffenen in der hohlen Hand ein wenig Opiumwasser.

Nächste Seite: Frauen und Männer aus einem Dorf bei Dschodhpur feiern ihre Version des Akhatji-Fests: eine der vielen Feiern, die das Leben in dem kargen Wüstenland erleichtern sollen.

Der Maharadscha von Dschodhpur feiert im Garten des Umaid Bhawan das Frühlingsfest *holi*, das in ganz Indien begangen wird. Es wurzelt vermutlich in einem alten und blutigen Fruchtbarkeitsritus. In dem Fürstenstaat Bharatpur dauerte der *holi* eine ganze Woche lang. Am Ende ritt der Maharadscha auf einem Elefanten in die Stadt ein und bespritzte seine Untertanen mit gefärbtem Wasser aus einem Tankwagen, während sie den Gruß mit Handspritzen erwiderten.

Das Ergebnis der Bemühungen des Maharadschas: Seine mit rotem Pulver bedeckten Musiker wünschen ihm Glück.

Rechts: Der Maharadscha, die Maharani und die Prinzessin umarmen einander, nachdem sie den *holi* gefeiert haben. In manchen Jahren wird der Maharadscha sogar in eine mit rotem Wasser gefüllte Badewanne gelegt. Radschput-Miniaturen aus dem 18. Jahrhundert zeigen, daß königliche Familien vergangener Zeiten den *holi* ebenso begeistert feierten.

2

Die Kronjuwelen

Erbstücke und Thronerben

Der Maharadscha von Dschodhpur und andere Mitglieder der königlichen Familie beim Mittagessen in einem der Speiseräume des Umaid Bhawan.

Dschodhpur unterscheidet sich insofern von den anderen Staaten Radschputanas, als seine Herrscher sich der Neugier der Öffentlichkeit kaum verschließen", schreibt Rudyard Kipling in dem bemerkenswerten Reisebericht *From Sea to Sea,* in dem er auch die Eindrücke schildert, die er 1887 in Radschasthan gewann. Seine Beobachtung trifft noch heute zu. Die königliche Familie von Dschodhpur ist nach wie vor ungewöhnlich offen für westliche Einflüsse und empfängt viele Besucher aus anderen Ländern, ohne jedoch ihre alten Bräuche und ihr Radschput-Erbe aufzugeben.

Hanwant Singh, der Vater des jetzigen Maharadschas, war eine aufsehenerregende Persönlichkeit, ein Pilot wie schon sein Vater (der als einer der ersten Fürsten überhaupt ein Cockpit bestieg) und ein begeisterter Zauberer. Sein englisches Kinderfräulein hatte ihm eine Zauberkiste geschenkt, als er neun Jahre alt gewesen war, und er schaffte es, ein Mitglied des „Magic Circle" zu werden, und zauberte des öfteren vor einem größeren Publikum. 1948 heiratete er heimlich seine Geliebte, ein neunzehnjähriges schottisches Kindermädchen namens Sandra McBryde. Sie trat zum Hinduglauben über, trug juwelenbesetzte Saris und änderte ihren Namen in Sundra Devi. Nach dem Tod ihres Mannes kehrte sie nach England zurück.

Der Maharadscha kam 1952 bei einem Flugzeugabsturz ums Leben. Er war allein gestartet, um sich von den Strapazen eines anstrengenden Wahlkampfs zu erholen. Die Wahlergebnisse wurden am nächsten Tag bekanntgegeben: Er und seine Parteifreunde hatten 32 von 36 hart umkämpften Sitzen gewonnen, ein sicheres Zeichen für das Band zwischen Herrscher und Beherrschten, das ihn unter anderem veranlaßt hatte, eine Wahlrede mit folgenden Worten zu beschließen: „Und nun Schluß mit diesem Unsinn! Laßt uns zum Tempel gehen und an Gott denken."

Gaj Singh ist sein einziger Sohn. Seine Mutter fand, daß er bei seiner Geburt „schrecklich blau angelaufen war und irgendwie chinesisch aussah", und rief aus: „Was für ein häßliches Kind!" Als er den *gadi* von Dschodhpur bestieg, war er fünf Jahre alt. Sundra Devi und einige Verwandte meinten, es sei am besten, ihn nach England zu schicken, weil er sonst doch nur eine Gouvernante bekäme, die ihn hemmungslos verziehen würde. So kam er auf eine britische Privatschule, die er haßte, und dann nach Eton, das er liebte. „Es war eine gute Zeit in meinem Leben, denn ich war im Ausland und konnte frei sein. Aber ich reiste einmal im Jahr nach Indien, um den Kontakt mit meiner Heimat nicht zu verlieren. Schon im Flugzeug schaltete ich innerlich um. Meine Schwestern wollten mich in meiner Eton-Tracht sehen, doch sobald die Maschine in Delhi gelandet war, zog ich die Jacke aus und wurde ein indischer Schuljunge." In den Flitterwochen fuhr er mit seiner Frau unter anderem nach Eton und verbrachte mit ihr und alten Schulfreunden ein fröhliches Wochenende auf dem Land.

In Eton und später in Oxford war er sehr beliebt, obgleich viele den Eindruck hatten, er sei in sich gekehrt, aber das beruhte sicher nicht zuletzt darauf, daß er seinen Vater so früh verloren hatte. Er sann viel über seine Zukunft nach. Er fand es recht amüsant, in zwei Welten zu leben, „solange es noch ein Spiel war", aber nach dem Studium in Oxford sah er, daß er lernen mußte, das Beste aus seinen beiden Leben zu machen, damit er kein neuer Dhuleep Singh wurde. Die meisten Leute erwarteten, daß er in die Politik gehen würde, aber er hatte keine rechte Neigung dazu. Wie Rajiv Gandhi wählte er eine Beschäftigung, die mehr Gewißheit bot: Er beschloß, sich um seinen Palast zu kümmern und zu überlegen, wie er ihn in ein Hotel umwandeln könnte. Immerhin überredete er seine Mutter, für das Parlament von Dschodhpur zu kandidieren. Sie gewann, aber die Kandidaten, die sie gemeinsam unterstützt hatten, verloren. Er diente eine Zeitlang als Bevollmächtigter der allindischen Regierung in Trinidad, wohin die Maharani ihn begleitete, hielt sich ansonsten aber weiterhin von der aktiven Politik fern.

Die beiden haben zwei Kinder, die 1974 geborene Shivranjani, die heute gern Jogginganzüge trägt und Enid Blyton liest, und den gut ein Jahr jüngeren Shivraj. Die Kinder sind bei Fotografen ebenso gefragt wie ihre Eltern: 1986 posierten sie beispielsweise für die italienische *Vogue*-Ausgabe. Sie sind traditionell genug, um die Füße ihrer Großmutter zu berühren, eine Geste, die man im heutigen Indien immer seltener sieht, während sie in Schmuckfragen mit der Zeit gehen. Shivranjani trägt gern einen goldenen Ring in der Nase, statt sich wie andere unverheiratete Mädchen mit einem Knopf oder Kleeblatt am Nasenflügel zu begnügen. Der Nasenring ist bei jungen Städterinnen beliebt, die Uma Anand zufolge sicher schockiert wären, „wenn man sie an seine ursprüngliche Bedeutung erinnerte: Früher war er Sklavinnen vorbehalten, die buchstäblich ‚an der Nase herumgeführt‘ wurden!“

Einige Familienjuwelen und Schmuckstücke der verheirateten Damen aus der Herrscherfamilie Dschodhpurs sind von atemberaubender Schönheit, und bei ihrem Anblick denkt man unwillkürlich an Sir John Betjemans Gedicht „Von Glocken gerufen“:

Prachtvolle Säle, geheime Fächer,
Schmuckschatullen der Maharadschas …

Sir Johns Vater fertigte in den zwanziger Jahren Möbelstücke mit Elfenbeinintarsien, deren Hauptabnehmer indische Fürsten waren. In den erlesenen Schatullen, die sie von ihm bezogen, verwahrten sie dann traditionellen indischen Schmuck, aber auch Stücke, die sie von berühmten Juwelieren in Paris, London und Amsterdam, von Firmen wie Cartier, Boucheron, Garrard, Closter und anderen, entwerfen und ausführen ließen.

Seit dem großen Durbar, der 1911 in Delhi stattgefunden hatte, reisten Vertreter der Juweliere von einem indischen Fürstenhof zum anderen, um Aufträge für Schmuck zu bekommen. Sie mußten manchmal Monate warten, um vom Maharadscha empfangen zu werden, und den Mann von Garrard, dem britischen Hofjuwelier, kostete es noch bei seinem dritten Besuch in Dschodhpur all seine Überredungskünste, um den Maharadscha zu Platinfassungen zu überreden: „Er befürchtet, man würde ihn dann als einen silbernen Fürsten betrachten und nicht als goldenen.“

Der Herrscher hätte sich keine Sorgen zu machen brauchen. Der Maharadscha von Baroda, ein 21-Kanonen-Fürst, der eine der schönsten Edelsteinsammlungen Indiens besaß, hatte Jacques Cartier bereits damit beauftragt, alle seine Preziosen neu zu fassen – in Platin. Dazu gehörten ein Collier mit farbigen Brillanten, das Napoleon III. seiner Gemahlin Eugénie zur Hochzeit geschenkt hatte, eine siebenreihige Perlenkette, der siebzigkarätige Schah-Akbar-Diamant (angeblich eines der Augen des Pfauenthrons, den der persische Schah Nadir 1739 in Delhi geraubt hatte) und der 262 Karat schwere Stern des Südens, ein Diamant, den eine afrikanische Sklavin 1867 in einer brasilianischen Mine gefunden hatte; der riesige Stein wurde von Closter in Amsterdam auf 128,5 Karat zurechtgeschliffen. Maharadscha Khande Rao zahlte 60 000 Pfund dafür, ließ ihn an einer geschirrten und gesattelten Giraffe anbringen und stellte ihn in den Straßen von Baroda zur Schau. Dann wurde er zusammen mit dem kleineren, „nur" 76,5 Karat schweren English Dresden auf eine Kette gezogen. Zum Vergleich: Der blaue Hope-Diamant wiegt 44,5 Karat, der Koh-i-Noor wog nach dem zweiten Schliff 109 Karat, und der im Louvre befindliche Regent-Diamant hat ein Gewicht von 140,5 Karat.

Der größte aller Diamanten gehörte freilich Mahbub Ali Pascha, dem sechsten Nizam von Haiderabad, der auch die umfangreichste und prachtvollste Juwelensammlung aller indischen Fürsten besaß. Der Jacob-Diamant, der 162 Karat wiegt, wurde einer schillernden Persönlichkeit namens Alexander Jacob abgekauft; niemand weiß mit Sicherheit, wer Jacob eigentlich war, er wurde abwechselnd als Jude, Armenier, russischer oder britischer Agent bezeichnet, und man schrieb ihm seinerzeit sogar magische Kräfte zu. Der Nizam zahlte ihm zunächst die Hälfte des verlangten Preises, doch als der britische Resident in Haiderabad die Höhe der Kaufsumme erfuhr, sorgte er dafür, daß die zweite Hälfte zurückgehalten wurde. Jacob war ruiniert, und der Nizam versteckte den Stein einfach in einer Geheimschublade. Der siebte Nizam entdeckte den Diamanten schließlich im großen Zeh eines väterlichen Hausschuhs. Er ließ ihn in Goldfiligran fassen und benutzte ihn als Briefbeschwerer.

Mahbub Ali Paschas Perlensammlung war unvorstellbar. Irgendwann gab er Anweisung, alle seine Perlen nach Größe und Qualität zu sortieren. Sie wurden eimerweise aus der Schatzkammer herangeschleppt, in Borsäurelösung gewaschen und mit Hilfe eines Systems von Sieben, das man zum Sortieren von Kies benutzt, nach Größe verlesen. Anschließend sortierte man sie nach ihrer Qualität und legte sie zum Trocknen auf riesige Laken, die auf dem Palastdach ausgebreitet waren. Die Perlen bedeckten schließlich das ganze Dach.

Die schönste Anekdote über diese legendäre Schmuckkollektion handelt davon, wie der siebte Nizam den sogenannten Englischen Palast, der seit 1911, dem Todesjahr seines Vaters, geschlossen gewesen war, wieder öffnen ließ. Als der Würdenträger, dem man diese Aufgabe anvertraut hatte, die Schränke in den Schlafzimmern des Palasts aufmachte, sah er zu seiner Verblüffung, daß ihre Böden buchstäblich von Edelsteinen funkelten. Mahbub Ali Pascha hatte immer die Taschen voller Juwelen gehabt, um Geschenke verteilen zu können, wann er Lust dazu hatte. Nach seinem Tod hatte kein Mensch daran gedacht, seine Kleidungsstükke zu untersuchen. Sie hatten in den Schränken gehangen, die dünnen Taschen waren altersschwach geworden, und ihr kostbarer Inhalt war herausgefallen.

Der Nizam besaß auch wunderschöne große Smaragde – Steine, die am häufigsten mit Indien assoziiert werden, obgleich der Subkontinent keine nennenswerten Smaragdvorkommen hat. Aber der Herrscher, dessen Smaragdsammlung laut Jacques Cartier „wenn nicht mengenmäßig, so doch qualitativ" auf der ganzen Welt ihresgleichen suchte, war der Maharadscha von Nawanagar. Cartier vergrößerte sie durch eine Halskette mit siebzehn rechteckig geschliffenen Smaragden, von denen einer aus dem Besitz des türkischen Sultans stammte und 70 Karat wog, ein Halsband mit dreizehn Smaragden, von denen die beiden mittleren absolut identisch waren, einen Turbanschmuck mit einem sechsundfünfzigkarätigen und einem neununddreißigkarätigen Smaragden und durch eine zweireihige Halskette mit rundgeschliffenen „Smaragdperlen", deren samtener tiefgrüner Glanz alle Betrachter zu bewundernden Ausrufen veranlaßte.

Cartier verkaufte auch dem hochgewachsenen Bhupinder Singh, dem Maharadscha von Patiala, „Schatulle um Schatulle" – so die Chronik des Hauses – von Juwelen. „Die Entwerfer sollten bei den Neufassungen traditionelle indische Schmuckformen berücksichtigen, doch wie sich herausstellte, waren die neuen Stükke ebenso stark vom zeitgenössischen Art-Déco-Stil beeinflußt. Es war sicher das erstemal, daß Cartier einen *nath,* einen mit Brillant-, Rubin-, Smaragd- und Saphirsplittern inkrustierten Nasenring fertigte, wie er im südlichen Indien oft getragen wurde. Außerdem lieferte er dem Herrscher Knöchelschmuck, Armreifen, ein Armband mit neun Edelsteinen, die die Planeten darstellten, und einen exotischen *hathpul,* einen traditionellen radschasthanischen Hochzeitsschmuck, der auf dem Handrücken getragen wird und Armband und Ringe miteinander verbindet. Für ein einziges Armband wurden nicht weniger als 223 Perlen durchbohrt."

Die Maharanis von Radschputana, die solche Kostbarkeiten trugen, übten zumindest hinter den Kulissen viel Einfluß aus. Bis zu den späten vierziger Jahren (und in manchen Fällen noch länger) lebten sie in haremartiger Absonderung innerhalb der Palastmauern. Einigen von ihnen gelang es jedoch, sich dann und wann in der Öffentlichkeit zu zeigen, und manche setzten es wie Gayatri Devi durch, sich im Palast frei zu bewegen, obgleich sie in der Öffentlichkeit den *purdah* wahrten – aber Gayatri Devi war keine geborene Radschputin. Es gab aber auch all jene legendären Frauen, deren „Einfluß auf die Gesellschaft von Radschputana auf jedem Blatt der Hindu-Geschichte seinen Niederschlag gefunden hat", wie Tod 1832 schrieb. „Was führte zu den Kriegen Ramas? Die Entführung Sitas. Was machte die Fehden der Yadus tödlich? Die Beleidigung Drapaudis. Was vertrieb Prinz Nala aus Narwar? Seine Liebe zu Damayanti. Was bewog Radscha Bharthari, dem Thron von Avanti zu entsagen? Der Verlust Pingalis. Was zwang die Hindus unter das Joch des Islamiten? Der Raub der Prinzessinnen von Kanaudsch."

Die königlichen Damen, die in der Zeit erwachsen wurden, als die Fürstenstaaten ihre Autonomie verloren, waren über den *purdah* geteilter Meinung. Die Radschmata von Dschodhpur, die Mutter des jetzigen Maharadschas, hörte nach dem plötzlichen Tod ihres Mannes – wenn auch unfreiwillig – auf, den *purdah* zu beachten. Eine andere Fürstin aus Dschodhpur, die zweite Frau von Maharadscha Dschai Singh von Dschaipur, machte seiner dritten Frau Gayatri Devi bei ihrer Ankunft unmißverständlich klar, daß sie kein Verlangen hatte, „sich zu zeigen". Auch die kosmopolitische Gayatri Devi selbst, die vor ihrer Heirat überall gewesen war und ein Leben geführt hatte, das sich nicht mit dem strengen *purdah* von Dschaipur vereinbaren ließ, schrieb später in ihren Erinnerungen, sie habe in den ersten schwierigen Monaten im Stadtpalast „gelernt, daß es möglich war, sich unter vielen Menschen einsam zu fühlen und dennoch in der schützenden Hülle des *purdah* glücklich zu sein". Auch ihre Mitfrau empfand es als angenehm, „in Pyjama und Morgenrock in das Palastkino gehen zu können, ohne daß jemand sehen konnte, wie wir angezogen waren".

Auch bei medizinischen Untersuchungen konnte der *purdah* von Vorteil sein, wie die zweite Frau erläuterte. Der Arzt stand im Korridor vor ihren Gemächern und ließ sich die Symptome – Temperatur, Pulsfrequenz und so fort – von den Dienerinnen zurufen. Wenn die Maharani keine Lust hatte, einen lästigen Termin wahrzunehmen, hielt sie ihr Fieberthermometer einfach in warmes Wasser und ließ es dem Arzt bringen.

Udaipur, der „reinste" aller Radschput-Staaten, hatte die strengsten *purdah*-Regeln. Die Autos, in denen die Damen der Herrscherfamilie von Dschaipur fuhren, waren noch in den vierziger Jahren mit dunklen Scheiben versehen, oder die königlichen Damen Dschaipurs wurden, wie Gayatri Devi 1943 bei einem offiziellen Besuch zu ihrem Schrecken feststellte, in sänftenartigen Kisten mit massiven Holzläden herumgetragen. Sie hatte sich darauf gefreut, den Seepalast zu betrachten, aber die Kabinenfenster des Bootes, in das man sie führte, hatten schwere Vorhänge, die alle zugezogen waren. Verstohlen schob sie einen beiseite, um ein Foto zu machen. „Diese unerhörte Geste muß dem Maharadscha zu Ohren gekommen sein, denn später, bei unserer Abreise, überreichte er mir mit einem vielsagenden Blick ein Album mit Fotografien." Bei einer Jagd, der sie in einer Gruppe von wenigstens fünfzig ängstlich zusammengedrängten *purdah*-Damen beiwohnte, hatte sie sogar die Kühnheit, mit ihrem ersten Schuß einen wilden Eber zu erlegen – ihr war gar nicht klar gewesen, daß man von ihr erwartet hatte, dem Beispiel der Maharani von Dschodhpur und deren Mitfrau aus Dschaipur zu folgen und das Gewehr, das man ihr der Form halber reichte, höflich zurückzuweisen. Wenn sie den Eber verfehlt hätte, hätte sie die Ehre Dschaipurs besudelt.

Im Rahmen dieser exotisch anmutenden Bräuche und Einstellungen wird der berühmteste aller Radschput-Bräuche, der *sati,* vielleicht verständlicher. *Sati,* die Selbstverbrennung der Witwe auf dem Scheiterhaufen ihres verstorbenen Mannes, bedeutet ursprünglich „rein", und man nimmt an, daß die Witwe nicht nur Erlösung für sich selbst findet, sondern auch ihren Mann durch ihr Opfer von seinen Sünden reinigt. Deshalb sagen die Inder nicht, daß eine Frau *sati* macht oder begeht, wie man zum Beispiel Selbstmord begeht, sondern daß sie *sati* wird, das heißt, „sie nimmmt ein neues, reines, strahlendes Wesen an", wie Uma Anand erkärt. Ihr Opfer hat natürlich nur dann einen Sinn, wenn sie es freiwillig bringt und nicht einem moralischen oder gar physischen Zwang folgt.

Tod berichtet entsetzt, in Marwar, der „Region des Todes", deren Hauptstadt Dschodhpur ist, seien „nicht weniger als vierundsechzig Frauen dem Schatten Adschits (eines Herrschers aus dem 18. Jahrhundert) in das Haus der Sonne gefolgt. Und nicht weniger als vierundachtzig Frauen wurden *sati,* als man Radscha Budh Singh von Bundi ertränkte!"

Als Rudyard Kipling 1887 nach Dschodhpur kam, hatten die Briten *sati* schon seit über einem halben

Jahrhundert bei Strafe verboten, aber er bemerkte, wiederum sehr hellsichtig: „Wenn die Männer hierzulande über *sati* reden, der doch eine Sache der Vergangenheit sein soll, tun sie es auf eine Weise, die ihn sehr nahe und real erscheinen läßt." Vielleicht dachte er auch an die vielen gespenstischen Handabdrücke am Tor des Meherangarh, der Festung von Dschodhpur, von denen jeder einzelne das Symbol einer Witwenverbrennung ist. Die Handabdrücke werden noch heute regelmäßig mit roter Farbe bestrichen.

Im September 1987 wurde ein achtzehnjähriges Radschput-Mädchen aus einem Dorf bei Dschaipur offenbar aus eigenem Wunsch *sati*. Die öffentliche Meinung des Landes war gespalten, und in Dschaipur demonstrierten Tausende für die Witwenverbrennung.

Der letzte dokumentierte königliche *sati* fand Ende der fünfziger Jahre in Dschodhpur statt. Die Verbrannte war Sugankunverba, die Witwe von Brigadegeneral Jabbar Singh Sisodia von den Jodhpur Lancers, dem Enkel Sir Pratab Singhs von Dschodhpur. Ihre gute Freundin, die Maharani Padmavati Gaekwad von Baroda, einzige Tochter von Maharadscha Umaid Singh von Dschodhpur, erzählt ihre Geschichte in Charles Allens Buch *Live of the Indian Princes,* und sie sei hier als ein bewegendes Zeugnis für den Geist des Fürstenhauses von Dschodhpur vollständig zitiert:

„Etwa einen Monat vor seinem Tod hörte sie auf zu essen und zu trinken. Sie führte den Haushalt, sah nach ihrem Mann und pflegte ihn, doch heimlich traf sie alle Vorbereitungen für die letzten Riten. Ich besuchte sie oft, um sie aufzuheitern, und als ich das Grundstück eines Abends kurz vor Sonnenuntergang erreichte, hörte ich den dumpf tönenden Gesang des Ram-Ram, *der aus einem tiefen, hallenden Schlund zu dringen schien. Jabbar Singh war zwei Minuten vorher verschieden, und sie hatte bereits angekündigt, daß sie* sati *werden würde, wenn man ihn bei Sonnenaufgang einäscherte. Während man seinen Leichnam versorgte, ging sie in ihr Badezimmer, badete und legte die neuen Gewänder an, die sie in einer Truhe zurechtgelegt hatte. Beim* sati *tragen wir nicht Witwenkleidung, sondern Hochzeitskleidung samt den Armreifen aus Elfenbein und allem anderen Schmuck. Die Farbe, die sie gewählt hatte, war ein helles Rosa namens* saptalu, *das die Frauen der Sisodias heute nicht mehr tragen können, weil man es jetzt anbetet. Als sie sich angezogen hatte, saß sie die ganze Nacht mit dem Kopf ihres Mannes auf ihrem Schoß. Sein Körper schwitzte zweimal, und sie trocknete ihn zweimal und sagte: ‚Warum bist du ungeduldig, ich komme mit dir. Sei ganz ruhig. Die ersten Strahlen der Sonne werden bald kommen.' Der Morgen graute, und ihr Schwager, der die letzten Riten leiten sollte, traf ein. Als er an ihrer Absicht zweifelte, stand sie auf und setzte sich über eine Lampe, die die ganze Nacht bei dem Toten gebrannt hatte. Sie fächelte die Flamme mit dem Saum ihre Saris und blieb fünf Minuten dort sitzen, bis er sagte: ‚Ich bin zufrieden.' Wenn eine Witwe zum Scheiterhaufen geht, um* sati *zu werden, wird sie normalerweise von einer Prozession begleitet, aber die Nachricht hatte sich in Windeseile in der ganzen Stadt verbreitet, und vor dem Haus sammelten sich viele Leute. Also sagte sie: ‚Wir können nicht zu Fuß gehen. Laß Autos und einen Lastwagen kommen.' Auf diese Weise gingen sie der Polizei aus dem Weg, die am Eingang des Totenverbrennungsplatzes wartete. Sie hatte nach*

mir schicken lassen, aber ich erhielt die Nachricht zu spät und traf erst ein, als die Flammen schon so hoch schlugen, daß ich sie nicht mehr sehen konnte, aber ich hörte ihre Stimme den Ram-Ram *sagen, und sie hielt erst in dem Moment inne, in dem sie starb. Sie wird heute nicht allein von den Radschputen verehrt, sondern auch von allen anderen, und man komponierte viele, viele* artis *(Lieder) und* bhajans *(Hymnen) über sie, und ihr Scheiterhaufen hörte fast ein halbes Jahr nicht auf zu brennen, denn die Leute warfen immer wieder Kokosnüsse hinein, nachdem man ihre Überreste herausgenommen und bei Hardwar in den Ganges gestreut hatte."*

Frühere Herrscher von Dschodhpur und ihre Ranis wurden außerhalb der Stadt in Mandur verbrannt. „Sie verbrannten selten allein", schreibt Tod, „denn sie wurden von all denen begleitet, die ihr Leben angenehm gemacht oder seinen Genuß vergiftet hatten." Kunstvolle, an prähistorische Vögel erinnernde Ehrenmäler erheben sich an den Stellen, wo einst die Scheiterhaufen gebrannt hatten. Heute, wo sie teilweise verfallen sind, flößen sie dem Betrachter ein ehrwürdiges Grauen ein, doch Tod, der sie vor mehr als anderthalb Jahrhunderten sah, kamen unwillkürlich einige Verse seines Zeitgenossen Lord Byron in den Sinn:

Der Zauber der verfallenen Zinnen
Läßt den Palast, der heute sich erhebt,
All seinem Prunk entsagen,
Bis von Äonen er umweht.

Verheiratete Verwandte helfen Chandrika Kumari vor der Hochzeit, Schmuck und anderen Zierat anzulegen. Die Zahl dieser Helferinnen sollte immer ungerade sein – meist sind es fünf oder sieben. Die Braut ist bei der eigentlichen Zeremonie ganz in Rot gewandet; nur der Schmuck darf andere Farben haben.

Die Maharani von Dschodhpur (rechts) und Rani Usha Devi (ganz rechts) tragen Halsketten, bei deren Anblick wir verstehen, daß eine achtzehnjährige Maharani früherer Zeiten von zwei Dienerinnen gestützt werden mußte, weil ihr Schmuck zu schwer war: Er wog mehr als sie und bestand unter anderem aus Augenbrauen aus Brillanten, die heute im Festungsmuseum ausgestellt sind. Männliche Herrscher hatten mindestens ebenso schwer an ihrem Schmuck zu tragen.

„Diamanten scheint es in Indien so reichlich zu geben wie in England Brombeeren", bemerkte einer der Herren, die den Prinzen von Wales 1875 bei einer Reise durch Indien begleiteten. Indische Maharadschas besaßen einige der schönsten Steine der Welt, darunter den Koh-i-Noor und den mit 162 Karat noch größeren Jacob-Diamanten, für den der Nizam von Haiderabad eine Unsumme bezahlte. Hier zeigt Rani Usha einige ihrer Juwelen.

Nächste Seite: Maharadscha Swarup Singh (links) und Maharadscha Dalip Singh (rechts) tragen Turbane mit dem aus Brillanten zusammengesetzten Bildnis von Maharadscha Umaid Singh von Dschodhpur. Der Vertreter des britischen Hofjuweliers Garrard hatte 1926 große Schwierigkeiten, den Maharadscha zu Platinfassungen zu bewegen: „Er befürchtet, man würde ihn dann als einen silbernen Fürsten betrachten und nicht als goldenen."

Dschaiselmer, das 1156 in der westlichen Wüste Thar nahe der Grenze zu Belutschistan gegründet wurde, war jahrhundertelang eine der entlegensten und schönsten Festungsstädte Radschasthans. Kipling, der in den achtziger Jahren des letzten Jahrhunderts durch Indien reiste, schaffte es nicht, dorthin zu kommen, bemerkte jedoch, daß das Wappen der Herrscherfamilie „einen nackten linken Arm mit einem zerbrochenen Speer" aufweist, „weil Dscheysulmir nach der Legende einst von einem Pferd mit einem magischen Speer verwundet würde. Man erzählt die Geschichte noch heute, aber" – fügte er warnend hinzu – „sie ist lang." Der hier mit seinem Bruder Prithwiraj Singh (ganz rechts) abgebildete Brajraj Singh, der jetzige Maharadscha von Dschaiselmer (zweiter von rechts), folgte seinem Vater, dem früh verstorbenen Sohn der bemerkenswerten Radschmata (rechts), 1981 nach.

Nächste Doppelseite: Die königlichen Damen von Dschaiselmer bei der Hochzeit der Schwester des Maharawal – ganz links sitzt eine weitere Schwester, daneben die Mutter, eine ungewöhnlich energische Frau, die inzwischen verwitwet ist.

Der Maharadscha von Dschodhpur, Gaj Singh II., steht mit seinem Sohn, dem 1975 geborenen Maharadscha Kumar Shivraj Singh, im Hof des Moti Mahal (Perlenpalast) innerhalb der Festung. Sein Vater, Maharadscha Hanwant Singh, ein begeisterter Flieger, kam 1952 bei einem Flugzeugabsturz ums Leben, als Gaj erst fünf Jahre alt war.

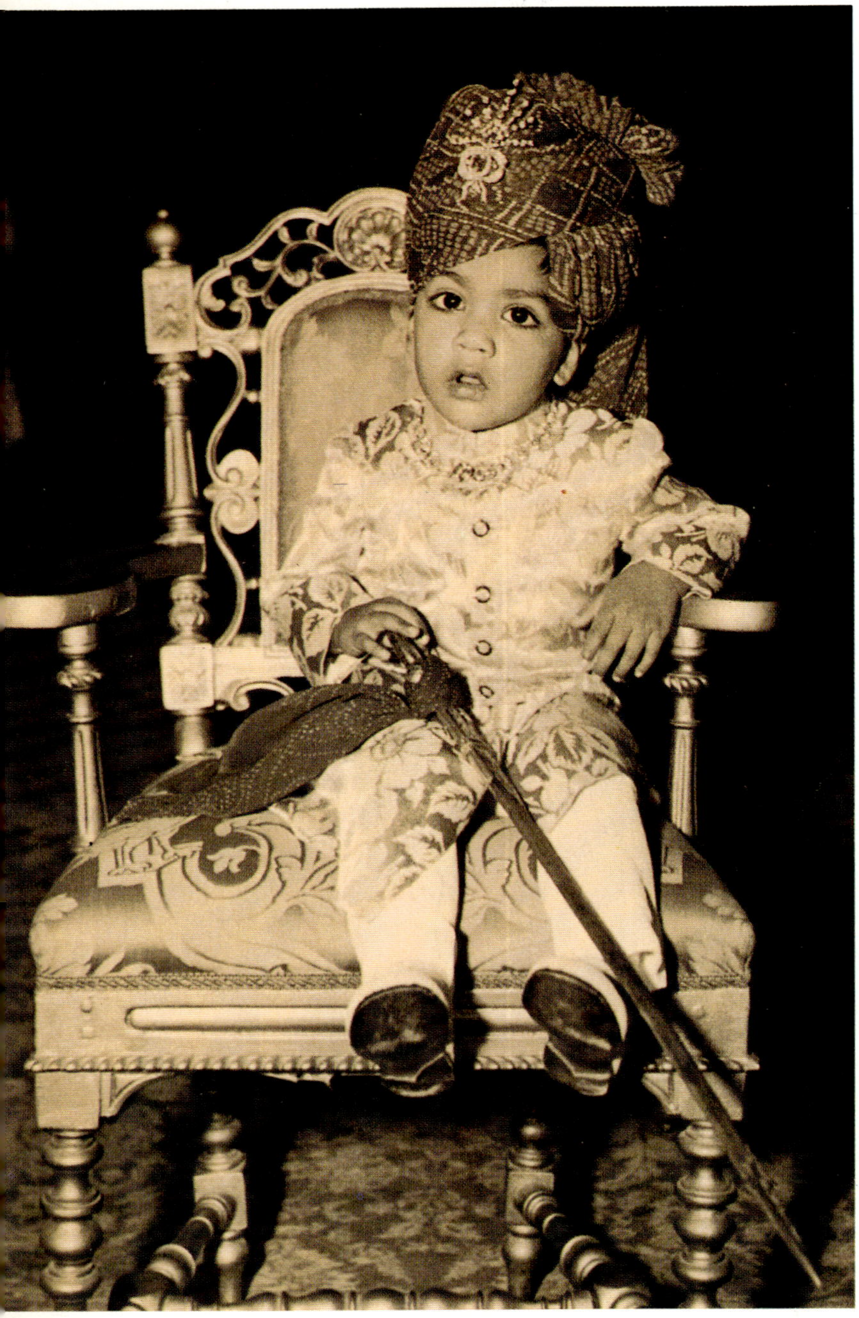

Die Kindheit ist in Indien für einen Prinzen oder eine Prinzessin eine goldene Zeit. Britischer Komfort und indische Sinnlichkeit verbinden sich in der mechanisch getriebenen Wiege auf der Seite gegenüber, die dem Vater des jetzigen Maharadschas gehört. Sie wird von Engeln geschoben – von Engeln in Saris, mit Reifen an den Armen und *tilak*-Zeichen auf der Stirn. Der Maharadscha ist im Alter von drei Jahren (oben) und im Alter von vier Jahren (rechts) – als er seinem früh verstorbenen Vater auf den *gadi* von Dschodhpur gefolgt war – abgebildet. Die andere Aufnahme zeigt ihn mit zehn, wenige Jahre, bevor er nach Eton geschickt wurde.

Rani Usha Devi, Frau des Maharadschas Swarup Singh, und ihr jüngster Sohn, Suryaveer Singh.

Prinzessin Shivranjani, die 1974 geborene Tochter des Maharadschas und der Maharani von Dschodhpur, mit ihrem Hund Gimlet.

Die verwitwete Radschmata von Dschaiselmer, die Mutter des Maharawal (rechts), vor einer der durchbrochenen Marmorwände, die zu den faszinierendsten Merkmalen der Paläste und Kaufmannshäuser – *havelis* – von Dschaiselmer gehören.

Religion und Politik sind in Indien so sehr miteinander verwoben, daß Bewohner des Abendlands oft Mühe haben, sich darauf einzustellen. Der Maharadscha von Dschodhpur ist ein Hindu, und obschon er seine Bildung im Westen genossen hat, befolgt er weiterhin bestimmte hinduistische Traditionen. Wenn er mit der Maharani den Familienschrein besucht, wird er von Gläubigen umringt, die auf seinen Segen warten.

Nächste Doppelseite: Die Grabdenkmäler der Herrscher von Dschodhpur wurden seit altersher in Mandur – außerhalb der Hauptstadt – an der Stelle errichtet, wo man ihre Leichname verbrannte und ihre Witwen *sati* wurden, das heißt, in den Scheiterhaufen des Verschiedenen traten, um den Flammentod zu erleiden und seiner Seele zu folgen. Es sind unheimliche Orte, „stiller, leerer und einsamer als irgendein Platz auf der Welt".

3

Zu Elefant, zu Pferd oder im Rolls-Royce

Freizeit der Maharadschas

Der achteckige *gadi* im Perlenpalast des Meherangarh, der Festung von Dschodhpur, ist nur einer der Throne, die der langen Reihe der Herrscher der Rathu-Dynastie gehörten.

Im Laxmi Vilas, dem Herrscherpalast von Baroda, wurden wichtige Gäste vor fünfzig Jahren gebeten, auf einer prägegedruckten Karte anzukreuzen, welches Beförderungsmittel sie für den nächsten Morgen wünschten: Elefant, Pferd oder Rolls-Royce?

In Dschodhpur hätte man der Liste „Flugzeug" hinzufügen können. Maharadscha Umaid Singh war einer der ersten Piloten Indiens. Er ließ in seinem Wüstenstaat einen Flugplatz anlegen und gründete auch einen Fliegerclub. Sir John Steel, ein hoher britischer Beamter, kam zur Einweihung von Delhi herunter, und der Kameramann des Herrschers bannte alles auf Zelluloid. Der vor Begeisterung strahlende Maharadscha sieht aus wie eine Figur von P. G. Wodehouse, und Sir John macht mit seinem *sola topee,* seinem Tropenhelm, den Eindruck des typischen unerschütterlichen Kolonialbeamten. Auf das vereinbarte Zeichen wird ein Schlüssel hervorgeholt, Sir John schließt die Hangartore auf, und ein Flugzeug rollt ins Freie. Es folgen viele Loopings. Die Gäste des Maharadschas sitzen in einem mit Teppichen ausgelegten Geviert auf Polsterstühlen, während ihre teuren, blitzblank polierten Automobile am Rand der Wüste warten. „Die Atmosphäre dieser Szene schließt jene ganze Welt ein", schreibt James Ivory in einer seiner meisterhaften Vignetten über das Leben der Fürsten in den sorglosen Jahrzehnten zwischen den beiden Weltkriegen. „Alles scheint in einer einzigen, im Schein der tiefstehenden Sonne gemachten Aufnahme enthalten zu sein: Die Wüste, die gleich hinter dem Teppich beginnt, verliert sich in unbestimmter Ferne, die kleinen Flugzeuge tollen wie Mücken am Nachmittagshimmel, die elegant gekleideten Zuschauer sitzen bequem auf ihren Sofas und schauen hoch, und die blitzenden Limousinen stehen samt Chauffeuren und Dienern bereit."

Nicht jeder Maharadscha konnte sich eines Flugzeugs rühmen, aber sie hatten alle große Automobile, und einige von ihnen besaßen über hundert motorisierte Luxuskarossen. Soweit man weiß, waren der Maharadscha von Cooch Behar und der sechste Nizam von Haiderabad die ersten indischen Fürsten, die (in den neunziger Jahren des letzten Jahrhunderts) am Steuer eines Automobils Platz nahmen. Der erste der rund achthundert Rolls-Royces, die bis zum Zweiten Weltkrieg ihren Weg nach Indien fanden, gehörte dem Maharadscha von Gwalior; er wurde 1908 erworben und war bald als „Perle des Ostens" bekannt. Die größte Flotte von Rolls-Royces – insgesamt siebenundzwanzig – gehörte jedoch Maharadscha Bhupinder Singh von Patiala, der außerdem noch rund hundert weitere Automobile besaß. Sein Kollege in Bharatpur liebte die britischen Luxuswagen ebenfalls und kaufte einmal einen ganzen Londoner Ausstellungsraum mit Rolls-Royces samt den Diensten eines Verkäufers, den er für vorlaut hielt. Der Unglückliche lenkte die Wagen dann in Bharatpur stolz an ihrem Besitzer vorbei und bekam den Schock seines Lebens, als der Maharadscha befahl, sie fortzubringen und beim städtischen Mülltransport einzusetzen.

Der siebente Nizam von Haiderabad wurde von einer krankhaften Obsession für Automobile gepackt und fing an, sie zu sammeln. Wenn er einen fremden Wagen sah, der ihm gefiel, fragte er den Besitzer, ob er eine kurze Fahrt damit machen dürfe, und befahl dann seinem Chauffeur, ihn in die Palastgarage zu bringen. Er kaufte und „entführte" über zweihundert Luxuslimousinen und ließ sie praktisch unbenutzt auf dem Palastgelände abstellen. Im Zweiten Weltkrieg erlahmte der fürstliche Appetit auf schöne Automobile aus naheliegenden Gründen und sollte nie wieder im alten Umfang aufleben. Immerhin konnte der lebensfrohe Maharadscha Pratap Singh von Baroda, der Enkel Sayaji Raos, das Privileg in Anspruch nehmen, der Käufer des ersten Rolls-Royces zu sein, der nach dem Krieg aus der Montagehalle rollte.

Die Fürsten strebten jedoch nicht allein nach Rolls-Royces. Der berüchtigte, aber charmante Maharadscha von Alwar besaß eine ganze Flotte blau lackierter Hispano-Suizas, von denen er nie unter drei Stück auf einmal zu kaufen pflegte. Außerdem ließ er sich 1924 in England einen Lanchester bauen, der innen und außen goldfarben war. Der Chauffeur und sein Helfer saßen im offenen Fahrerhaus auf goldenen Kissen. Der hintere Teil des Gefährts war eine originalgetreue Nachbildung der britischen Krönungskarosse samt Kutschenlaternen und goldenen Kronen. Anstelle des hinteren Klappsitzes war eine Bank für zwei Lakaien angebracht. Das Lenkrad war aus Elfenbein, und da der Maharadscha etwas gegen Leder hatte, bestanden die Polsterbezüge und sogar die Teile der Federung, die man damals aus dicken Lederriemen zu fertigen pflegte, aus anderen flexiblen Materialien. Der Wagen konnte mit einer Geschwindigkeit von exakt fünf Stundenkilometern dahinrollen, um mit einer Parade der Alwar Lancers Schritt zu halten, aber er konnte auch mit damals kaum faßlichen 130 Kilometern in der Stunde über die unbefestigten Landstraßen des kleinen Reiches brausen.

Auch die letzte Reise des Maharadschas fand in diesem bizarren Vehikel statt. Er starb 1937 in Paris an einem Schlaganfall. Der Lanchester holte ihn, wie er es zu Lebzeiten angeordnet hatte, an der Staatsgrenze ab. Der tote Maharadscha saß aufrecht, untadelig gekleidet bis zu den weißen Handschuhen, die er regelmäßig getragen hatte, und der dunklen Brille, die seine nunmehr für immer erblindeten Augen vor der heißen Sonne Radschasthans schützte, in seinem „goldenen Leichenwagen" (wie Sir John schrieb), während dieser majestätisch zum Ort der Totenverbrennung rollte, und wie es heißt, weinte das Volk um seinen toten Herrscher, obgleich er mit Recht als grausamer Sadist gegolten hatte. Nicht einmal der barocken Phantasie Fellinis hätte diese Szene entspringen können.

Als letztes wäre vielleicht noch die Sammlung von Maharadscha Jagatjit Singh von Kapurthala zu nennen, einem großen Franzosenfreund, der auf dem Gelände seines Palastes ein großes rundes Bauwerk errichten ließ, das Elysée-Stallungen genannt wurde. Der äußere Ring bestand aus Boxen für die Palastpferde, und der innere diente als Garage. „Meine Schwester und ich pflegten mit Karotten dorthin zu radeln und die Runde zu machen, um all die Pferde zu füttern", erinnert sich Jagatjit Singhs Enkel. Anschließend betrachteten sie die vielen Automobile. „Jedesmal, wenn ich den unverkennbaren Duft von Leder rieche, denke ich zurück an den Hispano-Suiza meines Großvaters, ein herrliches altes Ding mit einer Sprechanlage im Fond. Man drückte auf einen Knopf und sprach in die Muschel und sagte dem Chauffeur, wohin er fahren sollte." Es gab auch einen moderneren Buick mit zwei Klappsitzen, „die wunderschön mit Samt bezogen waren und aus der Rücklehne der vorderen Sitzbank fielen".

Automobile dienten vor allem dem Prestige der

Fürsten, aber Pferde waren eine ernste Sache. In *From Sea to Sea* beschreibt Kipling die Stallungen des Palasts von Dschodhpur und erklärt, es habe ihm buchstäblich den Atem verschlagen. Er schätzte nämlich, daß der Maharadscha nicht tausend, sondern eher zwölfhundert Pferde fast aller bekannten Rassen hielt. Der Herrscher gab jedem von ihnen einen Namen – Radscha, Autokrat, Türkis, Finsternis, Junge Rache, Sherwood ... und gewann viele Preise mit ihnen. Statt am Ende ihres Arbeitslebens erschossen zu werden, durften seine Pferde eines natürlichen Todes sterben und wurden dann in ein großes Laken gehüllt und mit Blumen bestreut. Anschließend brachte man sie „unter dem Weinen der Stallknechte" zu ihrem Friedhof in der Wüste. Kipling gewann bald die Überzeugung: „Ganz Dschodhpur ist pferdenärrisch ... und wer hier etwas auf sich hält, muß seine eigene Rennbahn haben."

Junge Prinzen fingen oft schon im zarten Alter von drei Jahren an, Reiten zu lernen, und wenig später wurden sie in Sauspießen und Polo unterwiesen. Karan Singh von Kaschmir, dessen Vater Hari Singh gern Polo spielte und ein großer Freund von Pferderennen war, mußte zum Beispiel jeden Tag seines Lebens reiten, „zuerst in einem Sattel mit rundum hochgezogenem Sattelbaum auf einem winzigen Pony, dann auf immer größeren Tieren". Er stürzte mehrmals vom Pferd, doch als ein Roß einmal auf dem Poloplatz von Dschammu scheute und durchging, kam er mit dem Schrecken davon, da er sich am Sattelknauf festklammern konnte, bis das Tier müde geworden war und stehenblieb.

Als er dann ein Jüngling war und die Familie sich nach der Unabhängigkeit in Bombay niedergelassen hatte, konnte sein Vater seiner Leidenschaft für die Rennbahn ungehindert frönen. Er schickte selten weniger als zwei Pferde in der Woche an den Start, oft sogar vier. „Man redete bei uns über Galopp und Zwischenspurts, es gab große und kleine Rennlisten, Fachsimpeleien mit Trainern und Jockeys, kaum verhüllte Animositäten gegen rivalisierende Rennstallbesitzer und am Sonnabend und Sonntag schließlich die Rennen. Die ganze Woche schien nur eine Vorbereitung auf dieses Ereignis zu sein ... Es war offensichtlich, daß mein Vater lieber einen Rennstall leitete als einen Staat."

Man brauchte das Pferd auch für bestimmte Arten der Jagd, insbesondere für die Jagd auf die Hirschziegenantilope, eines der schönsten Tiere des Subkontinents. Viele Radschput-Miniaturen zeigen, wie das elegante Geschöpf mit den spiralig gedrehten Hörnern und der schwarzweißen Maske, die ihm eine unwiderstehliche virile Anmut verleihen, vor einem herangaloppierenden Radscha (und manchmal seinen Ranis) die Flucht ergreift. Das letztgenannte Attribut mag erklären, warum es auf anderen Bildern als Symbol für den fernen Geliebten von der zurückgebliebenen Gattin gestreichelt wird, während es ihr in der Dichtung als vierfüßiger Vertrauter dient.

Um die Jahrhundertwende wurden die fürstlichen Jagdvergnügen mehr und mehr darauf ausgerichtet, dem britischen Vizekönig, der den Staat besuchte, zu imponieren, und nahmen auf diese Weise ungeahnte Ausmaße an. Außer dem Vizekönig beteiligten sich auch Gouverneure und andere hohe Beamte, und es gab sogar zwei Prinzen von Wales, die (1905 und 1922) beschlossen, einige Tiger und anderes Wild zu erlegen. Um den Gästen den Aufenthalt im Dschungel so angenehm wie möglich zu machen, ließen die Fürsten die

Zelte mit kostbaren Teppichen auslegen und sorgten für Delikatessen des Londoner Geschäfts Fortnum and Mason, unerschöpfliche Vorräte an Champagner und dergleichen mehr. Elefanten waren das bevorzugte Transportmittel, aber wenn das Terrain es gestattete, benutzte man einen fahrbaren Schießstand, in Bharatpur sogar einen zu diesem Zweck umgebauten Rolls-Royce.

Der Maharadscha von Gwalior gehörte zu den leidenschaftlichsten Tigerjägern und erlegte bis 1965 insgesamt 1400 Exemplare. Der Maharadscha des Dschungelstaates Cooch Behar schoß in seiner Jägerlaufbahn 365 Tiger, 438 Arni-Büffel, 207 Nashörner und 311 Leoparden. Sogar seine Schwester, die zerbrechlich wirkende Gayatri Devi, brachte es auf 27 Tiger, ehe sie dann zur Tierschützerin wurde.

Lady Birdwood, die Tochter des berühmten britischen Kolonialbeamten Sir George Ogilvie, die viele Wochen mit Jagdgesellschaften im indischen Dschungel verbrachte, bemerkt angewidert, daß „man auf alles schoß, was da kreuchte und fleuchte". Letzteres galt wohl besonders für das beste Vogelrevier Indiens, den nur knapp 30 000 Quadratmeter großen Gadschnersee, der gut 30 Kilometer von Bikaner entfernt mitten in der Wüste liegt. Jeden September und Oktober wurde der See von vielen tausend Kaiserflughühnern aufgesucht, die eine abenteuerliche Reise aus arktischen Regionen hinter sich hatten. Als der Prinz von Wales 1905 dort jagte, waren ungefähr hunderttausend Flughühner auf dem See versammelt. Heute kommen nur noch rund fünftausend, weil Stauseen die meisten von ihnen in andere Gegenden locken.

Die Idee zu diesem speziellen Schießvergnügen stammte von dem schlauen Maharadscha Ganga Singh von Bikaner, der es nicht zuletzt deshalb organisierte, weil es ihm manche Vorteile brachte, die nichts mit der eigentlichen Jagd zu tun hatten: In den Pausen zwischen einzelnen Salven konnte er mit den Vizekönigen und ihren Beamten inoffiziell lukrative Geschäfte tätigen. Sie bekamen natürlich immer die besten Plätze, und man sorgte diskret dafür, daß ihre Strecke ungeachtet ihrer Schießkünste immer die größte war. Bei Lord Linlithgow, einem ausgezeichneten Schützen, der wenigstens zweimal jährlich zum Gadschnersee kam (obgleich das Protokoll ausdrücklich vorschrieb, daß ein indischer Staat nur einmal im Jahr besucht werden durfte), und Lord Mountbatten, der an einem Morgen nachweislich hundert Flughühner erwischte, waren solche Vorsichtsmaßnahmen überflüssig. Obgleich die relativ kleinen Flughühner schwer zu treffen waren, bestand die durchschnittliche Strecke eines Morgens aus viertausend Vögeln.

Ein Volkslied jener Region betrachtet das Leben aus dem Blickwinkel eines Flughuhns und nicht etwa aus dem eines Vizekönigs. Die Flughühner (oder *talor*) suchen den See am frühen Morgen und bei Sonnenuntergang auf und verbergen sich tagsüber zwischen den nackten Felsen, wo ihre Mimikry sie mit dem Hintergrund verschmelzen läßt:

Sein weiß und gelb getupftes Flügelkleid
Wird mit den Gräsern eins.
Es hockt unbeweglich wie ein getrockneter Kuhfladen,
Während der Falke oben seine Kreise zieht.

Man kann wohl sagen, daß dieses Lied und viele

hundert andere den bitterarmen Radschput-Bauern halfen, in ihrem Wüstenland zu bestehen. „Es war die Musik, die mich veranlaßte, auf die Suche nach dem Volk zu gehen und es zu entdecken", sagt Uma Anand, „eine Musik, die die karge Weite erfüllt und vom metallischen Himmel zurückgeworfen wird, um auch dem entlegensten Dorf die Freude des Lebens zu schenken."

Balladen waren das wichtigste Medium, mit dem die Werte Radschputanas die Jahrhunderte hindurch überliefert und bewahrt wurden, und Balladen waren auch ein wichtiges Bindeglied zwischen dem Fürsten und seinen Untertanen. Besonders berühmt ist die Ballade von Pabudschi, die Geschichte, Mythos und Legende in sich vereint. Sie behandelt das Schicksal des natürlichen Sohnes eines Fürsten von Rathur, der wirklich gelebt hat. Er verliebte sich in eine Fee. Sie verbrachte die Nächte mit ihm, nahm ihm aber das Versprechen ab, daß er sie tagsüber nicht aufsuchen würde. Sie schenkte ihm einen Sohn. Der Fürst brach sein Versprechen, und als er ihre Gemächer betrat, erblickte er eine Löwin, die das Baby säugte. Die Löwin lief davon, als sie den Fürsten sah, aber ihre Schwester Devali, eine kräftige Frau mit magischen Kräften, zog den Knaben groß. Seine Kinderstreiche und seine Leistungen als junger Mann bilden, ganz wie die Taten Krischnas in dessen Legende, den eigentlichen Stoff der Ballade. Sein Geburtsort war angeblich Kolu bei Pokharan, zwischen Dschodhpur und Dschaiselmer, wo es noch heute einen Brunnen gibt, der angeblich von dem Knaben Pabu und seinen Spielgefährten gegraben wurde. Pabu ist auch ein Held der Bauern, denn man schreibt ihm zu, eine neue Kamelrasse in der Region eingeführt zu haben, und er ist zugleich die Schutzgottheit einer bestimmten Kaste von Kameltreibern und Hirten.

Die Fürsten Radschputanas förderten die Balladensänger und Musiker und ließen sie in ihre Paläste, aber auch in ihre Lager in der Wüste kommen, um ihnen und ihrem Hof vorzusingen und vorzuspielen. Alle größeren Staaten und auch viele kleinere hatten eine eigene *gharana* oder Musikschule, die ihren Namen dem Gesang- oder Instrumentalstil gab, der auf ihr entwikkelt wurde. Ustad Allauddin Khan, der größte Instrumentalist des modernen Indiens (der Vater Ustad Akbar Khans und Schwiegervater Ravi Shankars) gehörte zum Beispiel zur *gharana* des Nawwab von Rampur, obgleich er später Hofkomponist in dem kleinen zentralindischen Staat Maihar wurde.

In Dschaiselmer, dessen Herrscher ebenfalls ein großer Musikmäzen war, pflegten die Palastmusiker viermal am Tag mit ihren *shenais* (besonders bei Hochzeiten und Bestattungen gebrauchte Rohrinstrumente, deren quäkende Töne denen eines Dudelsacks gleichen), *nagaras* (Trommeln) und *sarengis* (geigenähnliche Instrumente, die durchdringende Töne erzeugen) Ragas zu spielen. Maharawal Jawahir Singhji stand dabei und sagte „Wah, wah!" – der anerkennende Ausruf der Liebhaber und Kenner klassischer indischer Musik –, um sie anzuspornen.

Dschaiselmer entwickelte, sicher nicht zuletzt wegen seiner isolierten Lage in der Wüste Thar, eine besonders eigenständige musikalische Tradition, deren Hüter heute als *manganiyars* bekannt sind. Ein *manganiyar* ist, wörtlich übersetzt, „einer, der bettelt". „Der *manganiyar* hatte zum einen die Pflicht, den Herrscher vor und nach der Schlacht zu unterhalten", erklärt Uma

Anand, „und zum anderen mußte der oberste *manganiyar* den Fürsten nach dessen Tod zusammen mit dem Leichenzug zum Ort der Verbrennung begleiten und dort Tag und Nacht ununterbrochen über ihn wachen, bis alle Zeremonien für den Frieden seiner entschwundenen Seele abgeschlossen waren und die Zeit der Trauer zu Ende ging."

Mit der Herrscherfunktion der Maharadschas war auch die Rolle der *manganiyars* beendet. Akbar Schah, der Sohn des letzten großen Barden des Hofes von Dschaiselmer, arbeitete 1973 als Bote in einer Regierungsbehörde, als er gebeten wurde, alle ihm bekannten *manganiyars* aus den Dörfern um Dschaiselmer in einem Zeltlager in der Wüste zu versammeln. Dort sollte ihre Musik mitgeschnitten werden, und als Lohn sollten sie Geld bekommen, das ihnen helfen würde, das fünfte Jahr der Dürre zu überstehen, die das Land gerade heimsuchte. Sie benutzten die Gelegenheit, um ein neues Publikum für ihre Musik aufzubauen, und spielten dann wiederholt im indischen Rundfunk, trafen sich jährlich zu einem Festival in der Wüste und erregten auch die Aufmerksamkeit ausländischer Filmteams.

Bei jener ersten Zusammenkunft spielten und sangen die *manganiyars* mehrere Tage lang. Uma Anand, die dabei war, betrachtet es als die aufregendste traditionelle Musik, die sie jemals in Indien gehört hat. Sie war überwältigt. „Die *manganiyars* sangen und spielten bis in die tiefe Nacht ohne eine Spur von Müdigkeit, ohne daß ihre Stimmen nachließen. Ich ging in die kalte und dunkle Weite hinaus, über der die Sterne funkelten, und lauschte der wundervollen Musik, die aus der Erde unter meinen Füßen zu dringen schien. Ich fragte mich: Aus welchem geheimen Vorrat holen sie diese Kraft? ... Welche verborgenen Quellen speisen den ununterbrochenen Fluß der Musik, die ihnen entströmt, um allem, was karg und öde ist, die Schönheit des grünen Lebens zu verleihen?"

Sie und ihre Begleiter verließen das Lager um drei Uhr morgens. Eine sonderbare Stille herrschte. Während sie zu ihren Autos gingen, holte sie jemand zurück, und sie sahen, daß die *manganiyars* sich trotz der bitteren Morgenkälte zu beiden Seiten des Weges aufgestellt hatten. „Wir schritten langsam diese Ehrenwache ab, die uns mit dem zeremoniellen *namaste* grüßte, das gewöhnlich Herrschern und ihren Angehörigen vorbehalten ist. Wir waren so bewegt, daß wir kaum antworten konnten. Ich eilte zum Auto und starrte hinaus in die verschwommene Landschaft, ohne etwas zu sehen."

Ebenso alt wie die Tradition der Radschput-Musiker ist die der Puppenspieler Radschasthans. Beim Puppenspiel oder *kathpuli* werden 30 bis 45 Zentimeter große Puppen mit hölzernem Kopf benutzt, deren Rumpf mit Stoffresten ausgestopft ist; sie haben Arme, aber keine Beine. Das traditionelle Puppenspiel ist nicht zuletzt deshalb bekannter als die Volksmusik von Dschaiselmer, weil die Puppenspieler seit uralter Zeit durch ganz Indien reisten und Anfang des letzten Jahrhunderts auch vor britischen Autoren auftraten, die dann – wenn auch nicht immer lobend – über sie schrieben.

Heute arbeitet ein Puppenspieler gewöhnlich mit maximal einem Dutzend Puppen, denn die hübschen kleinen Geschöpfe sind teuer, und es gibt immer weniger Männer, die die Kunst beherrschen, Puppenköpfe zu schnitzen. Eine vollständige „Truppe" besteht aus zweiunddreißig Figuren, von Fürsten, Prinzessinnen und Helden bis Clowns, Charakterpuppen wie dem streitsüchtigen Wäscher (eine Art indischer Kaspar) und seiner Frau und Reptilien und anderen Tieren.

Eines der ältesten Puppenstücke handelt von Prinz Amar Singh, dem Sohn von Maharadscha Gadsch Singh, der von 1620 bis 1638, zur Zeit des Mogulkaisers Schahdschahan, in Dschodhpur herrschte. Der Prinz, ein tapferer Krieger, war Thronfolger, aber seine Unbesonnenheit kostete ihn das Erbe. Sein jüngerer Bruder, Dschaswant Singh, war nicht nur ein großer Kämpfer, sondern auch ein kluger Diplomat. Er gewann das Vertrauen der Lieblingsmätresse seines Vaters, die dafür sorgte, daß der Maharadscha ihn zum Erben einsetzte. (Im Festungsmuseum von Dschodhpur ist ein Paar Hausschuhe ausgestellt, das Dschaswant Singh ihr angezogen haben soll.) Amar Singh wurde aus Dschodhpur verbannt und ging an den Mogulnhof in Agra.

Dort verdarb er sich wieder alles mit seinem ungezügelten Temperament. In der Halle der Privataudienzen der Festung von Agra erschlug er Salabat Khan, den Zahlmeister des Kaisers, und wandte sich dann gegen diesen selbst, aber sein Säbel traf einen Pfeiler und zerbrach. Amar Singh lief im Opiumrausch Amok und erdolchte fünf Würdenträger des Mogulnhofs, ehe er von seinem Schwager Ardschun Singh Gaur von Bundi niedergestreckt wurde. Seine Witwe, eine Prinzessin aus Bundi, kam nach Agra und verbrannte sich auf seinem Scheiterhaufen. An einem Pfeiler der Audienzhalle ist noch heute die Stelle markiert, die der ungebärdige Prinz mit seinem Säbel traf, und das Südtor der Festung trägt seinen Namen, was in Anbetracht seines Anschlags auf den Großmogul ein ungewöhnlicher Tribut ist. Amar Singh wurde in Radschasthan schon zu seinen Lebzeiten ein legendärer Held. „Sein Tod am Kaiserhof vergrößerte nur den Ruhm, den er beim Volk genoß", bemerkt Uma Anand dazu. „Es feierte ihn – damals wie heute – als einen ‚Mann, der für die Ehre der Radschputen zum Märtyrer wurde'."

Diese gedeckte Sänfte erbeutete Radscha Abhaisinghji von Dschodhpur 1730 in einem Krieg gegen Gudscharat. Die Sänfte hat sechs Traggriffe, und ihr Außenwände bestehen weitgehend aus Filigranarbeit, damit ihre Insassen hinter den Vorhängen, die sie bedeckten, etwas freier atmen konnten.

Die Hochzeiten der Radschputen waren unfaßlich opulente Feste, die mehrere Wochen dauern konnten – schon damit es sich für die Gäste lohnte, die weite und oft strapaziöse Reise auf sich zu nehmen. Heute kann der Bräutigam unter verschiedenen Beförderungsmitteln wählen: Elefant (Udaipur), Pferd (Dschodhpur) und Oldtimer (Dschaiselmer).

Die Maharadschas liebten schöne Automobile; zahllose Anekdoten berichten davon, wie viele – besonders Rolls-Royces – sie kauften und für welche sonderbaren Zwecke sie sie benutzten. Heute ist dieser Luxus für die meisten zu kostspielig geworden. Verschiedene Mitglieder der Herrscherfamilie von Dschodhpur benutzen einen MG (oben). Einer ihrer Verwandten, Raghavender Singh, sitzt am Steuer eines besonders nostalgischen Sportwagens (links), und der Maharadscha von Kischengar (oben links) steht neben einem etwas schlichteren Fahrzeug.

Nicht alle Maharadschas hatten das Bedürfnis, ausländische Kutschen zu importieren. Eines der indischen Gefährte (links) gehört dem Maharadscha von Dhrangadhara, dessen Sohn, Maharadscha Kumar Yuvaraj Singh, darin thront. Das andere war das Eigentum Oberstleutnant Fatesingrhaos, des Gaekwads von Baroda, der darin seine nunmehr verstorbene Ehefrau heiratete. Sie war eine Prinzessin aus Dschodhpur, die schon mit dreizehn Jahren allein Flugzeug flog.

Maharadschas wurden öfter auf Elefanten als zu Pferd fotografiert. Viele von ihnen waren aber ausgezeichnete Reiter, hatte man sie doch schon im Alter von drei oder vier Jahren an den Rücken der Pferde gewöhnt, ein Brauch, den die Engländer während ihrer Kolonialherrschaft unterstützten. Sie ritten ebenso gern zum Sauspießen wie die britischen Offiziere, und einige von ihnen, besonders Maharadscha Dschai Singh von Dschaipur, ein Freund vieler englischer Aristokraten, der 1970 auf dem Polofeld von Cirencester in England starb, waren berühmte Polospieler. Der jetzige Maharadscha von Dschodhpur (rechts) zeigt sich der Reitertradition seiner Vorfahren würdig.

Die Miniaturmalerei zeigt ein Polospiel in Dschodhpur. Der jetzige Maharadscha von Dschodhpur macht gern Spazierritte in der Umgebung seines Palastes. Die einwärts stehenden Ohren des Pferdes sind ein Merkmal der Dschodhpur-Rasse. Rudyard Kipling schätzte 1887, daß der damalige Maharadscha rund 1200 Pferde besaß.

Miniaturbild einer Jagd eines früheren Herrschers von Dschodhpur, der sich ungewöhnlicherweise von seinen Ranis begleiten ließ. In der ersten Hälfte des 20. Jahrhunderts schlachteten die Maharadschas (und ihre britischen Gäste) Tiere in unvorstellbarer Zahl ab. Der Maharadscha von Dschodhpur (oben rechts) jagt noch heute, doch andere, zum Beispiel Karni Singh, der Maharadscha von Bikaner (unten rechts), der nur noch auf Tontauben schießt und zum Olympiateam seines Landes gehört, sind Tierschützer geworden.

Die Musik Radschasthans ist so zeitlos und faszinierend wie die Wüste selbst – das hat nicht zuletzt der große indische Regisseur Satyajit Ray in einigen seiner Filme gezeigt. Einheimische Musiker spielen *sarengi* (unten) und Flöte (ganz unten), während eine „westliche" Kapelle den Maharadscha von Dschodhpur an seinem nach dem christlichen Kalender gefeierten Geburtstag unterhält (rechts).

Beim *diwali,* dem Fest der Lichter, das im Oktober oder November in ganz Indien begangen wird, treten Tänzer im Meherangarh (Fort) von Dschodhpur vor der fürstlichen Familie auf.

Die Künstler tanzten in einem folkloristischen Stil, der sich im Lauf der Jahrhunderte in Radschasthan herausbildete und *ghoomar* heißt. Beim *ghoomar* ist wichtig, daß wenigstens zwei Frauen mitwirken und daß eine Geschichte erzählt wird. Es gibt viele anmutige Bewegungen des Körpers und der Füße, nicht aber die Sprache der Hände, die wir aus klassischen hinduistischen Tanzformen wie *Bharata Natyam* kennen.

Bewohnerinnen eines Wüstendorfs bei Dschaiselmer tanzen den *ghoomar,* wie sie es gelernt haben – nicht so verfeinert wie die Künstler in der Festung von Dschodhpur.

Nächste Doppelseite: Puppen oder *kathputli* haben in Radschasthan eine lange Tradition. Sie werden mit Fäden bewegt, die man über ihren Köpfen hält. Die Stücke berichten aus dem kriegerischen Leben der alten Radschputen (besonders über das Schicksal des heißblütigen Amar Singh von Dschodhpur) oder aus dem Alltag der kleinen Leute von Radschasthan. Besonders beliebt ist das endlose Hickhack des *dhobi* und seiner *dhoban,* des Wäschers und seiner Frau. Braune Gesichter sind seit altersher den Bösewichten vorbehalten.

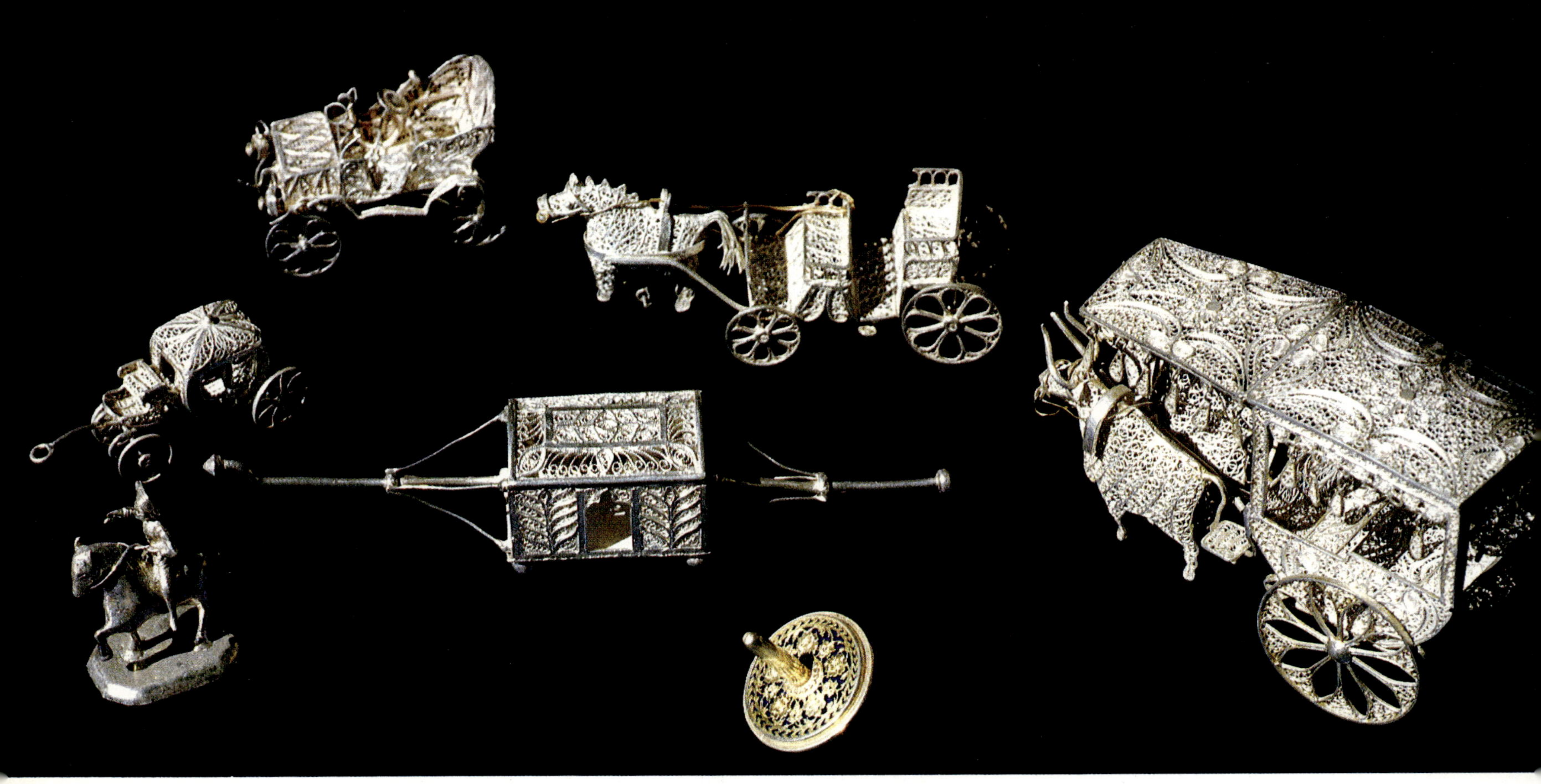

4

Diwan-i-Khas und Diwan-i-Am

Festungen und Paläste der Maharadschas

Zu den silbernen Spielzeugen der Sammlung des Maharadschas von Dhrangadhara gehören Nachbildungen einiger gebräuchlicher Transportmittel (mit Ausnahme des Elefanten). Schach ist in Indien seit vielen Jahrhunderten beliebt. Dieses Spiel gehört dem Maharadscha von Dschodhpur.

Die Paläste der Radschputen hinterlassen einen unauslöschlichen Eindruck. E. B. Havell schrieb über sie:

Wenn unsere Dichter sie besungen hätten,
Unsere Maler sie gemalt,
Unsere Helden und großen Männer in ihnen gelebt,
Wäre ihre fremdartige Schönheit auf unser aller Lippen.

Die beiden Paläste der Herrscherfamilie von Dschodhpur bilden freilich einen Kontrast, wie er kaum größer sein könnte. Der auf einem Felsen thronende Meherangarh, das mächtige Fort der Stadt, mit dessen Bau 1459 begonnen wurde, wirkt abweisend und bedrohlich, wenn man ihn von unten sieht. Sein Inneres besteht jedoch aus einer labyrinthischen Folge herrlicher Paläste mit zahllosen durchbrochenen Schmuckwänden aus Marmor und den für die Radschput-Architektur typischen überhängenden Traufen, die ein wenig bedrückend wirken und auch an den Grabehrenmälern der Herrscher im nahen Mandur zu finden sind. Mehr als hundert Meter weiter unten breitet sich die Stadt aus, und über ihr, auf einem anderen Felssims, steht ein Bauwerk, das einem viktorianischen Rathaus ähnelt, der Umaid Bhawan, den Maharadscha Umaid Singh ab 1929 errichten ließ. Er war der letzte große Fürstenpalast, der in Indien gebaut wurde, und erwies sich, wie der Gaekwad von Baroda ironisch bemerkt, schon nach seiner Fertigstellung als „weißer Elefant", das heißt, als allzu teuer im Unterhalt. Inzwischen ist er zu einem Hotel umgebaut worden.

Selbst wenn man von den alten Festungen der Fürsten, den Forts in Gwalior, Chitor, Amber, Bharatpur, Dschodhpur, Bikaner und Dschaiselmer, absieht, und nur die Paläste betrachtet, die nicht in erster Linie zu Verteidigungszwecken erbaut wurden, kann man keinen einheitlichen Stil ausmachen. Es ist unmöglich, die auf dem Reißbrett geplante Stadt Dschaipur, in der sich Stilelemente der Radschputen und der Moguln mischen (Baubeginn 1728), mit der eklektischen Architektur des Laxmi Vilas in Baroda (Fertigstellung 1890), dem barocken Pomp des Falaknuma-Palasts in Haiderabad (Fertigstellung 1872) oder der viktorianischen Schwerfälligkeit des Umaid Bhawan in Dschodhpur zu vergleichen. Immerhin läßt sich sagen, daß die Paläste aus der Zeit, in der die Maharadschas ihren Reichtum am ungehemmtesten zur Schau stellten (etwa 1830 bis in die dreißiger Jahre unseres Jahrhunderts), ebenso exzentrisch waren wie ihre Besitzer. Sie sind nach Meinung des Gaekwad von Baroda, der es wissen muß, „der Rahmen schwelgerischer und kostspieliger Lustbarkeiten. Architekturpuristen können solche Bauwerke nur als Luxuskitsch betrachten."

Ihre bizarre Stilmischung läßt jedoch zwei Trends erkennen: zum einen eine Kombination indischer und islamischer Elemente, die unter dem Begriff „indo-sarazenischer Stil" zusammengefaßt wurden und auf den heutigen Betrachter maurisch wirken, und zum anderen eine Adaptation europäischer Stile, deren Ergebnis der Gaekwad „orientalische Renaissance" nennt. Der Palast seiner eigenen Familie ist ein gutes Beispiel für den ersten Trend, während der Umaid Bhawan und Luytens' Bauten in Neu-Delhi den zweiten verkörpern.

Der Palast von Baroda ist so riesig, daß der gegenwärtige Maharadscha (der Gaekwad) als kleiner Junge ein oder zwei Jahre brauchte, um sich darin zurechtzufinden. Heute gibt er zu, daß es viele Räume gibt, in denen er seit fünfzehn oder mehr Jahren nicht mehr gewesen ist. Sayaji Rao ließ ihn errichten, weil er fand, daß der alte Palast – der Nazar Bagh – düster und gruftartig war und sich besser als Lagerhaus für den Familienschmuck eignete. Wahrscheinlich meinte er auch, daß er allzu viele Assoziationen an die Grausamkeiten seiner Vorgänger weckte.

Der Bau des neuen Palasts dauerte zwölf Jahre und verschlang rund 180 000 Pfund. Wie so viele Maharadschabauten wurde er von einem britischen Offizier entworfen, der gern experimentierte und das Land liebte: Major Charles Mant vom Königlichen Pionierkorps. Zu Mants früheren Bauten gehörte ein Rathaus im Stil der italienischen Gotik im Staat Kolhapur, aber der Major begeisterte sich bald für die einheimische Architektur und wurde ein Hauptvertreter des indo-sarazenischen Stils, in dem er 1870 in Florenz ein Denkmal für den jungen Thronerben von Kolhapur schuf, der dort gestorben war. Außer Laxmi Vilas entwarf er dann auch die Paläste in Cooch Behar, Darbhanga und Kolhapur, erlebte ihre Fertigstellung aber nicht mehr, weil er den Verstand verlor und fortan in der Angst lebte, alle seine Schöpfungen würden wegen seiner fehlerhaften statischen Berechnungen beim Bau einstürzen. Er starb, als er noch keine fünfzig war.

Sein Entwurf für Baroda wurde ausgeführt von Robert Fellowes Chisholm, der auch die von ihm vorgesehene traditionelle indische Aufteilung eines Herrscherpalasts beibehielt: Räume für öffentliche Audienzen, Räume für Privataudienzen und Gemächer der Frauen – die *Diwan-i-Am, Diwan-i-Khas* und *Zenana* der Moguln. Hinzu kamen Räume und Annehmlichkeiten, die modernen Repräsentationsansprüchen und westlichen Komfortbedürfnissen entsprachen, zum Beispiel große Säle für Staatsbankette, Billardzimmer und weitläufige Suiten für erlauchte Gäste aus Europa (die zweifellos mit den allerbesten westlichen Sanitäranlagen ausgestattet waren).

Mant hatte mehrere Stile miteinander verschmolzen, eine Methode, die sich wegen der außerordentlich langen Fassade des Palasts – über 150 Meter – als sehr wirkungsvoll erwies. Der heutige Besitzer sagt: „Das Äußere der Maharadscha-Gemächer war ganz der Festungsarchitektur der Hindus entlehnt und ging in zahlreichen Einzelheiten unmittelbar auf das Fort von Bharatpur zurück. Die öffentlichen Räume waren eher vom Stil der Moguln inspiriert, während die Gemächer der Frauen in einem Wald von Kuppeln und Baldachinen endeten, der den Dschain-Tempeln in Gudscharat entnommen war."

Das Baumaterial kam aus Indien, aber das Innere war entschieden europäisch, denn die meisten späteren Maharadschas pflegten in den westlichen Hauptstädten alles zu kaufen, was gut und teuer war. Sayaji Rao ließ sogar die Handwerker für den Innenausbau aus Europa kommen. Die Durbar-Halle hat einen venezianischen Mosaikboden, den zwölf Handwerker aus der Lagunenstadt in anderthalbjähriger Arbeit verlegten. Die Prachttreppe und die Säulen und Türbogen dieser Halle bestehen aus Carrara-Marmor. Die Stukkaturen und Vergoldungen an Wänden und Decke stammen von einem gewissen Mr. Tree aus London, während ein Mr. Goldring aus Kiew für die Gärten verantwortlich zeichnete. Die Treppenskulpturen wurden von Signor Felici aus Italien gemeißelt, während Mr. Dix aus London die Bleiverglasung schuf. Die großen Kandelaber, die in keinem Maharadschapalast fehlen durften, kamen aus Venedig. So verkörpert Laxmi Vilas die Begegnung von Ost und West.

Der Umaid Bhawan in Dschodhpur, dessen Stil der Gaekwad von Baroda anschaulich als „bourgeoiswuchtig" bezeichnet, ist alles in allem eher unscheinbar. Sein Architekt, H.V. Lanchester, der unter anderem Rathäuser in Cardiff und Deptfort, die Universität in Leeds und Krankenhäuser in London und Birmingham baute, teilte nicht Major Mants indische Vorlieben. „Bei der architektonischen Gesamtkonzeption und den ornamentalen Einzelheiten galt jede Verwendung ‚indosarazenischer' Merkmale als unpassend, weil die Staaten Radschasthans nur in sehr begrenztem Maße unter moslemische Herrschaft kamen", behauptete er, ohne freilich zu erklären, warum ein britischer Stil passender sein sollte. Wenn Major Mant ein Freund des Exotischen war, war er ein nüchterner Insulaner.

Das Innere des Palasts ist jedoch eine gewagte Mischung, die auch indische Stilelemente enthält. Es gibt acht Speisesäle und einen Bankettsaal für 300 Personen, dessen Kuppel gut 30 Meter hoch ist. Unter ihm befindet sich ein Swimming-pool, dessen Wände mit Badeszenen der dreißiger Jahre geschmückt sind. Es gibt Suiten für Prinzen und Prinzessinnen sowie Suiten für gewöhnliche Sterbliche, und das prachtvollste dieser Gemächer, das sogenannte Orientalische Zimmer, wurde von dem polnischen Künstler S. Norblin mit Szenen aus dem großen Hindu-Epos Mahabharata ausgemalt, deren modernistische Interpretation man nur als seicht und widersinnig bezeichnen kann. Aber was könnte widersinniger sein als der Palast selbst, der wie ein „Ozeanriese in einem toten Meer von Sand und heißen Felsen" aussieht, um mit dem englischen Regisseur James Ivory zu sprechen, der mehrmals dort wohnte, um über seine Filme vom Indien der Maharadschas nachzusinnen?

Das absurdeste Merkmal des Bauwerks ist wohl seine von Astrologen als ideal bezeichnete Lage auf einem Berg, die noch heute die größten Probleme mit der Wasserversorgung schafft. Ungezählte Maultiere mußten die Erde für das Fundament auf den Berg schaffen, und um den gewünschten hellrosa Sandstein aus dem nächsten Steinbruch heranzuschaffen, mußte eigens eine fast zwanzig Kilometer lange Eisenbahnstrecke gelegt werden.

Umaid Singh betrachtete das Projekt nicht zuletzt als ein Mittel, seinen notleidenden Untertanen, die schon im dritten Jahr auf den ausbleibenden Monsunregen warteten, eine Beschäftigung zu verschaffen. Er sagte ausdrücklich, daß das Bauwerk in erster Linie zum Nutzen der Bewohner seines Staats errichtet werden sollte. Nur ein Maharadscha konnte ein so eitles Arbeitsbeschaffungsprogramm ersinnen! Gut dreißig Kilometer von Dschodhpur entfernt, in Sada Samand, am Rande der nackten Wüste, vollendete er das närrische Vorhaben mit einem kleinen Pavillon. Dieser hat eine Bar mit leopardenfellbezogenen Hockern, die von einer unsäglich geschmacklosen Lampe beleuchtet wird, deren Schirm auf einen Elefantenfuß montiert ist. Sie erinnerte Ivory an die Bars in alten amerikanischen Eisenbahnzügen. Aber „es hätte vieler Drinks bedurft, um diesen Ort angenehm zu machen ... Ich hatte in Sada Samand das Gefühl, am äußersten Ende der Zivilisation angelangt zu sein. Unter jenen Mauern war nichts, eine gespenstische Leere."

Die kleineren Paläste bieten manchmal eine Ausgewogenheit in den Proportionen und in der Innenausstattung, die man bei ihren prachtvolleren Pendants vergebens sucht. Der Palast von Samod, im Norden Dschaipurs, wurde etwa in der Zeit errichtet, in der man mit dem Bau von Dschaipur begann (1728), und der Rawal von Samod scheint von vielen dortigen Vorhaben inspiriert worden zu sein. Die schönsten Einzelheiten sind die Wandmalereien und die Spiegelarrangements im Schisch Mahal (Spiegelpalast). Wie Uma Anand betont, betrachtet man diese Räume am besten aus der Perspektive, aus der sie ursprünglich gesehen werden sollten, nämlich in halb liegender Stellung auf einem sehr niedrigen Diwan. Wenn der Blick langsam nach oben wandert, sieht man zunächst Darstellungen von Szenen aus dem Alltag der Herrscherfamilie, zum Beispiel Prinzen und Prinzessinnen bei der Antilopenjagd, Mädchen auf einer Schaukel oder Liebende in einer Laube. Darüber ziehen sich florale und geometrische Motive die Wände entlang. Weiter oben erblickt man dann Szenen aus dem Hofleben – Durbars, Prozessionen, Siegesparaden – und zuletzt die blitzenden Sterne, mit denen die Decke geschmückt ist. Der schönste aller Schisch Mahals wurde 1639 von Dschai Singh I. in Amber errichtet. „Wenn die Türen geschlossen sind, verliert man im Schein einer einzigen Kerze jedes Gefühl des Eingeschlossenseins", bemerkt Uma Anand, „und meint wie ein Satellit im unendlichen Raum zwischen den blitzenden Galaxien dahinzuschweben."

Die Radschput-Herrscher, die diese Spiegelpaläste nach persischem Vorbild bauten, wußten natürlich nichts von Satelliten, aber sie kannten den Zauber des sternenübersäten Nachthimmels in der Wüste und genossen ihn gern beim Klang der geheimnisvollen Ragas der *manganiyars,* ihrer Hofmusiker. Die Schisch Mahals waren auch für öffentliche Zwecke bestimmt und wurden besonders bei Geburts-, Hochzeits- und Siegesfeierlichkeiten benutzt. Sie sollten die Fürsten an den nächtlichen Himmel erinnern, der oft ihr Zelt war. Wie der Herausgeber der neueren Ausgabe von Tods *Annals* bemerkt, entstand eine ganze Spiegelglasindustrie, um die Nachfrage nach Schisch Mahals zu befriedigen. Geschickte Handwerker bliesen silberbeschichtetes Glas zu Kugeln, die man anschließend zerbrach, um die Scherben in Zement (in Burma in Lack) zu setzen.

Die indischen Fürstenpaläste, die vor dem 19. Jahrhundert entstanden, waren ursprünglich nur sehr sparsam möbliert, weil selbst die schwächste Brise ungehindert durch die Räume streifen sollte – und weil es dem Geschmack der Herrscherfamilien entsprach. Ehe die vollgestellten Salons der Briten in Neu-Delhi und Kalkutta zunehmend kopiert wurden, bestand die Dekoration eines Palasts vor allem aus Wandbehängen, Wandmalereien und Teppichen. „Es mag einige Betten aus versilbertem oder vergoldetem Elfenbein gegeben haben", bemerkt Gayatri Devi, „und vielleicht noch einige reichbeschnitzte Truhen, aber die Sitzmöbel bestanden weitgehend aus niedrigen Holzschemeln, Matratzen und Polstern."

Das gilt noch heute für den Stadtpalast in Udaipur, und bis vor wenigen Jahren galt es auch für seinen Schwesterpalast, den Dschagniwas auf dem Picholasee, der inzwischen ein Luxushotel ist. Wie ein zeitgenössischer Chronist vermerkte, pflegten sich die Radschput-

Edlen dort auf Brokatpolster niederzulassen, um den „Erzählungen des Barden zu lauschen und in der kühlen Brise des Sees, in die sich der köstliche Duft ungezählter Lotusblüten mischte, die seine ganze Oberfläche bedeckten, ihren mittäglichen Opiumrausch auszuschlafen, und wenn sich die Dämpfe des Trankes verflüchtigt hatten, schlugen sie die Augen auf und gewahrten eine Landschaft, die nicht einmal im Traum ihresgleichen findet... So ruhten die Fürsten und Häuptlinge in den zwei Generationen, in denen sie den Lärm der Waffen gegen das süße Nichtstun eingetauscht hatten."

Sie hatten ihre düstere alte Festung in Chitor verlassen, wo verkohlte Leichenreste an grausige Massaker erinnerten. Der erste der vielen Paläste Udaipurs, der Stadtpalast, den Udai Singh 1567 bauen ließ, weil er Chitor haßte, hat äußerlich jedoch vieles mit der Festung gemeinsam. Seine langen und schmucklosen Mauern ragen aus dem Wasser des Sees empor, und alle sichtbaren Ornamente sind auf die oberen Partien beschränkt. Innen erinnert dagegen alles an den Hof der Moguln, die Chitor unterworfen hatten. Abgesehen von den kunstvollen Intarsien, den bunten Malereien und den herrlichen floralen und geometrischen Mosaiken, denen man auf den unerwartetsten Oberflächen begegnet, scheint alles aus Marmor zu bestehen.

Auch Mogulkaiser Schadhschahan, der das märchenhafte Tadsch Mahal – „eine einsame Träne auf der Wange der Zeit", wie Tagore sagte – errichten ließ, gab sich 1623 in seiner Jugend vier Monate lang in einem Bauwerk auf dem Picholasee dem süßen Nichtstun hin. Er war damals noch Prinz Khurram und fiel bei seinem Vater, der ihn im Verdacht hatte, ein Komplott gegen ihn zu schmieden, in Ungnade, so daß er nach Udaipur floh. Er lebte nicht im Seepalast, den es damals noch nicht gab, sondern im Gul Mahal, einem soeben fertiggestellten Kuppelpavillon im Dschagmandir auf einem anderen Teil des Sees.

Die Schönheit des Palasts im Picholasee ist so atemberaubend, daß sie selbst den nüchternen Kipling zu der Bemerkung veranlaßte: „Wenn der Venezianer ihn besäße, könnte er mit Recht sagen: ‚Sieh ihn und stirb.'"
Er und andere bilden einen unwirklichen Gegensatz zu den Festungen, in denen sich die Realität des königlichen Radschputana spiegelt. Nichts könnte dies deutlicher machen als das Fort von Dschaiselmer, „eine gewaltige Befestigung am Ende der Welt", wie der Gaekwad sich ausdrückt. Es scheint wie ein uralter lohfarbener Löwe im Wüstensand zu lauern, und Satyajit Ray war von seinem Anblick so ergriffen, daß er eine Kindergeschichte darüber schrieb, in der ein Pfau einen imaginären Schatz bewacht, und sie anschließend unter dem Titel „Die goldene Festung" verfilmte. Der Titel ist keine Übertreibung, denn der Kalkstein jener Gegend ist von einem blassen Gelb, das Wind und Sand im Lauf der Jahrzehnte tiefgold färben.

1968, als die Eisenbahnstrecke nach Dschaiselmer fertiggestellt wurde, reiste Ray dorthin, um seinen ersten Film in Radschasthan zu drehen, und lernte den Maharawal kennen. Dieser zeigte ihm einige interessante Gegenstände, die aus dem goldenen Stein der Festung gefertigt waren: ein Trinkglas, eine Teetasse, einen Löffel, eine Halskette und einige Manschettenknöpfe. „Die strahlende Reinheit des safranfarbenen Marmors von Dschaiselmer raubte uns den Atem. Es war, als hätte Gold seinem Glanz entsagt, um asketisch zu werden."

„‚Bring eine Schale Wasser', befahl der Maharadscha, und der Träger gehorchte, indem er ihm eine blaue Plastikschüssel brachte, die zur Hälfte mit Wasser gefüllt war. Der Maharadscha stellte die Teetasse und das Trinkglas vorsichtig in das Wasser. Sie blieben an der Oberfläche – sie schwammen! Es war wie ein Zauber, und wir hätten um ein Haar applaudiert.

‚Sie sind von einem moslemischen Handwerker, der inzwischen tot ist. Es waren seine letzten Geschenke für mich. Der einzige andere Mann, der sie so hauchdünn und vollkommen schneiden konnte, ist nach Pakistan gegangen.'"

Das Fort selbst wurde 1156 begonnen, als Radscha Dschaisal, der bereits Herr einer anderen Festung war, den Gadisarsee und den dreigipfligen Hügel dahinter – das Heim eines Eremiten – entdeckte. Der Überlieferung zufolge forderte der Eremit ihn auf, eine Festung zu bauen. Da der Platz gut zu verteidigen war und da es reichlich Wasser gab, schien die Lage ideal zu sein. Dschaisal und seine Nachfolger umgaben den Hügel mit neunundneunzig Bastionen und bauten innerhalb dieses vielfachen Befestigungsrings eine Stadt mit Palästen, Dschain-Tempeln und Kaufmannshäusern *(havelis)* mit überraschend vielfältigen Grundrissen.

Die Quelle des Reichtums, der diese Bauten ermöglichte, war der Handel an den Karawanenstraßen, die vom Westen nach Indien führten. Er blühte sieben Jahrhunderte lang, bis 1869 der Suezkanal eröffnet wurde, der den Transport von Gütern auf dem Seeweg schneller, billiger und bequemer machte. Auf dem großen Markt von Dschaiselmer, dem Manik Tschauk, konnte man in der Blütezeit der Stadt alle erdenklichen Dinge kaufen, getrocknete Früchte aus Basra und Isfahan, vielerlei Nüsse, darunter Pistazien, aus denen die leckere Süßigkeit *piste-ki-laus* gemacht wurde, Teppiche aus Herat, Pelze aus Kabul, Schwerter und Krummsäbel aus Damaskus, parfümierten Wein aus Schiras, Araberhengste, Sklaven aus Turkestan und Abessinien und, mit Uma Anands Worten, „jene legendären grünäugigen tscherkessischen Huris, die, aus unbekannten Bergkönigreichen geraubt, märchenhafte Preise erzielten und der Stolz der Harems von Hindustan waren."

Dschaiselmer rühmt sich auch einer Geschichte, die, obgleich nicht ganz so blutig wie die Vergangenheit Chitors, fraglos den längsten Katalog von Täuschung und Hinterlist in ganz Radschputana aufweist. Ein Höhepunkt war der unaufhaltsame Aufstieg des Kaufmanns Salim Singh, der Anfang des 19. Jahrhunderts Ministerpräsident wurde und unersättliche Machtgier und unglaubliche mörderische Gelüste in sich vereint haben muß. Er entmachtete den damaligen Herrscher faktisch, indem er ihn Tag und Nacht bespitzeln ließ, und regierte den Staat mehr oder weniger allein, bis ein verzweifelter Radschpute ihm 1824 einen Dolch in die Brust stieß. Tod, der Politische Beauftragte der Regierung in Westminster, schreibt angewidert: „Da ein gewisser Anlaß zu der Sorge bestand, seine Wunde könne heilen, gab seine Frau ihm Gift."

Salim Singhs *haveli*, der mit seinen vorspringenden Traufen einen wehrhaften Turm krönt (sicher war der Minister zeit seines Lebens bemüht, sich vor Rache zu schützen), ist noch heute eines der interessantesten und ausgeklügeltsten Bauwerke Dschaiselmers, einer Stadt, die Rudyard Kipling auf seiner langen, strapaziösen Reise des Jahres 1887 nicht besuchte. Andernfalls hätte er sie wohl in der gleichen Sprache beschrieben, die er bei der Schilderung der Festung von Amber benutzte. Er empfand die „drohenden und unheimlichen kleinen Räume" Ambers als einen Alptraum. Sie waren „eng und dunkel", und „die schmalen Korridore hatten Nischen, in denen man seinem Feind ungesehen auflauern konnte. Diese Gelasse, das Labyrinth steiler Treppen, die nirgendwohin führen, die allgegenwärtigen durchbrochenen Marmorwände, die alles Erdenkliche verstecken oder preisgeben können – all diese Dinge atmen Verschwörungen und Gegenkomplotte, geheime Bündnisse und Intrigen. In einem bewohnten Palast, wo der Besucher weiß und fühlt, daß allenthalben menschliche Wesen sind, ist dieser Eindruck fast unerträglich."

Kipling witterte überall unzuverlässige und heimtückische Einheimische, und seine ausgeprägte Sensibilität mag ein übriges dazu beigetragen haben, daß er die Festung von Amber als gespenstisch empfand, aber noch heute, hundert Jahre später, beschleicht den Besucher ein ähnliches Gefühl, und man hat allen Grund zu vermuten, daß es vielen Herrschern so ging wie Umaid Singh von Dschodhpur, der seine neuen Paläste nicht zuletzt deshalb von britischen Architekten entwerfen ließ, weil er den blutigen Schatten der Vergangenheit seines Staats entkommen wollte. Auf jeden Fall hätten sie alle die unverfälschte Reinheit der Wüste ringsum als ebenso erlösend empfunden wie Kipling:

„Als sich der schwarze Teppich auf das Land gelegt hatte, bestieg der Engländer [Kipling] einen kleinen Hügel und sah die Sterne aufblitzen und über der Wüste leuchten. In weiter Ferne hatten einige Kameltreiber ein Feuer entzündet und sangen, während sie neben ihren Tieren saßen. Geräusche breiten sich über Sand so weit aus wie über Wasser, und ihre Stimmen erreichten die Stadtmauer und brachen sich in einem vielfachen Echo."

Auf den ersten Blick könnte man meinen, dieser Brunnenhof befinde sich in Venedig. Er gehört jedoch zum Laxmi Vilas, dem 1890 fertiggestellten märchenhaften Palast des Gaekwads von Baroda. Allein an dem venezianischen Mosaikboden der Durbar-Halle erbeiteten zwölf Handwerker aus Venedig anderthalb Jahre lang.

Venezianische Lüster und Carrara-Marmor schaffen in der imposanten Eingangshalle des Palasts von Baroda eine italienische Atmosphäre.

Nächste Doppelseite: Die große Eingangshalle des Umaid Bhawan in Dschodhpur, des letzten Fürstenpalasts, der in Indien gebaut wurde. Maharadscha Umaid Singh ließ ihn 1929 in Angriff nehmen, um – wie er sagte – seinen unter einer Dürre leidenden Untertanen Arbeit und Brot zu geben. Der Bau dauerte fünfzehn Jahre. Der Maharadscha von Baroda nannte sein Äußeres „bourgeois-wuchtig", was nicht weiter überrascht, wenn man bedenkt, daß sein Architekt, der Engländer H.V. Lanchester, vorzugsweise Rathäuser und Hospitäler baute. Drinnen „feiert die Renaissance ein orientalisches Comeback".

Über hundert Jahre liegen zwischen dem Bild des hofhaltenden Maharadschas Sardar Singh von Bikaner und der Aufnahme des heutigen *gadi* (Thron). Auf dem großen Foto hält der Maharadscha von Dschodhpur mit seinem Sohn im Phool Mahal (Blumenpalast) innerhalb der Festung der Stadt hof: Obgleich seiner Macht und seines Titels beraubt, strahlt er kaum weniger Würde aus als der Herrscher des 19. Jahrhunderts, und auch seine Höflinge stehen ihren damaligen Kollegen nicht nach.

Außer seinen vielen Hallen und Korridoren hat der Umaid-Bhawan-Palast insgesamt 347 Räume, darunter acht Speisesäle und einen Bankettsaal für dreihundert Menschen. Im Kellergeschoß ist ein Swimming-pool mit Wandgemälden aus den dreißiger Jahren. Der Umaid Bhawan ist heute ein Hotel, aber der Maharadscha, der hier auf der Treppe des jetzigen Foyers steht, bewohnt weiterhin mit seiner Familie einen Flügel des Palasts.

Raval Raghavendra Singh sitzt in seinem Palast in Samod. Der Brauch, Wände und Decken wie hier im Schisch Mahal (Spiegelpalast) mit Spiegeln zu verzieren, entstand in Persien, und die Radschputen übernahmen und verfeinerten ihn. Die Spiegel erinnerten die Herrscher an den sternenübersäten Wüstenhimmel, unter dem sie einen großen Teil der Nacht verbrachten, wenn sie im Kriegslager waren.

Der Blumenpalast in der Festung von Dschodhpur, den Radscha Abhai Singh im frühen 18. Jahrhundert errichten ließ, ist ein märchenhafter Bau mit juwelenähnlichen Bleiverglasungen in goldenem Filigran; ebenfalls goldene abstrakte Motive an Decke und Wänden bilden zarte Miniaturen.

Der Takhat Vilas (oben) befindet sich ebenfalls in der Festung und wird heute als Schlafzimmer genutzt. Er erinnert uns daran, wie sparsam die Paläste der Radschputen früher möbliert waren. Erst unter dem Einfluß der Briten füllte man sie im 19. Jahrhundert mit kostbaren Möbelstücken und Bildern, wie sie in europäischen Schlössern üblich waren.

Die Wandmalerei im Orientalischen Zimmer des Umaid Bhawan schildern Begebenheiten aus indischen Epen, aber sie wurden erst in den vierziger Jahren von einem polnischen Künstler geschaffen, den der Maharadscha ins Land geholt hatte. James Ivory nennt sie und den Rest der Palastdekoration „Art Déco der Tausendundzweiten Nacht".

Nächste Doppelseite: Der Umaid Bhawan oberhalb von Dschodhpur beim Fest der Lichter, bei dem eine Episode aus dem großen Hindu-Epos Ramayana – die Rückkehr der berühmten Liebenden Rama und Sita aus der Verbannung – gefeiert wird.

Nächste Doppelseite: Der vom Mond beschienene Dschagniwas oder Seepalast schwimmt auf dem unbewegten Wasser des Picholasees.

Die beiden Paläste, die einander an einem See in Udaipur gegenüberstehen – der Stadtpalast und der Seepalast – gehören sicher zu den märchenhaftesten Bauten Indiens. Der Pfau ist ein Motiv, das sich in den Höfen und Zimmern des Stadtpalastes oft wiederholt. Hinter dem Glasornament, in dem sich das Licht vielfach bricht, sieht man den Schwesterpalast, der auf dem Wasser des Picholasees zu schwimmen scheint.

Der Meherangarh, die hier aus zwei Aufnahmewinkeln gezeigte Festung von Dschodhpur, scheint das uneinnehmbarste militärische Bollwerk in ganz Radschasthan zu sein. Maharadscha Dschai Singh II. begann 1459 mit seinem Bau, und seine Nachfolger ließen auf seinem Gelände Paläste und Pavillons errichten – bis ins 19. Jahrhundert. Kipling, der ihn 1887 besuchte, meinte, er könne nur von Riesen erbaut worden sein.

Die Festung von Amber in den Bergen oberhalb Dschaipurs diente den Herrschern jener Region ursprünglich als Wohnsitz. Sie ist ein weitläufiger, unübersichtlicher Komplex von Höfen und Bastionen, in dem noch heute sagenhafte Schätze verborgen sein sollen. Maharadscha Dschai Singh II. verließ sie 1728, um nach Dschaipur zu ziehen, das er weiter unten in der Ebene anlegen ließ. Da man beim Bau rosa Sandstein und die entsprechende rosa Farbe benutzte, hieß Dschaipur bald überall die „Rosa Stadt".

Ausgewählte Bibliographie

Charles Allen und Sharada Dwivedi: *Lives of the Indian Princes,* London 1984.
Uma Anand: *Mansions of the Sun,* London 1982.
Maharadscha von Baroda: *The Palaces of India,* London 1980.
Roloff Beny: *Rajasthan,* London 1984.
Gayatri Devi und Santha Rama Rau: *A Princess Remembers,* London 1976.
Bamber Gascoigne: *The Great Moghuls,* London 1971.
James Ivory: *Autobiography of a Princess,* London 1976.
Karan Singh: *Heir Apparent,* Delhi 1982.
Rudyard Kipling: *From Sea to Sea,* New York 1899.
John Lord: *The Maharajas,* London 1972.
Ann Morrow: *Highness: The Maharajas of India,* London 1986.
Hans Nadelhoffer: *Cartier – Jewelers Extraordinary,* London 1984.
Raghubir Singh: *Rajasthan: India's Enchanted Land,* London 1981.
Satyajit Ray: *Our Films Their Films,* Delhi 1976.
Rabindranath Tagore: *Selected Poems,* übers. von William Radice, London 1985.
D. G. Tendulkar: *Mahatma,* 8 Bde., Bombay 1951–1954.
Edward Thompson: *The Making of the Indian Princes,* London 1943.
G. H. R. Tilotson: *The Rajput Palaces,* London 1987.
James Tod: *Annals and Antiquities of Rajasthan,* 3 Bde., London 1829–1832 (Erstausgabe), London 1920 (zweite Ausgabe, hrsg. von William Crooke).
Clark Worswick: *Princely India,* London 1980.
Ders. und Aisley Embree: *The Last Empire: Photography in British India, 1855–1911,* New York 1976.

Das Indien der Fürstentümer

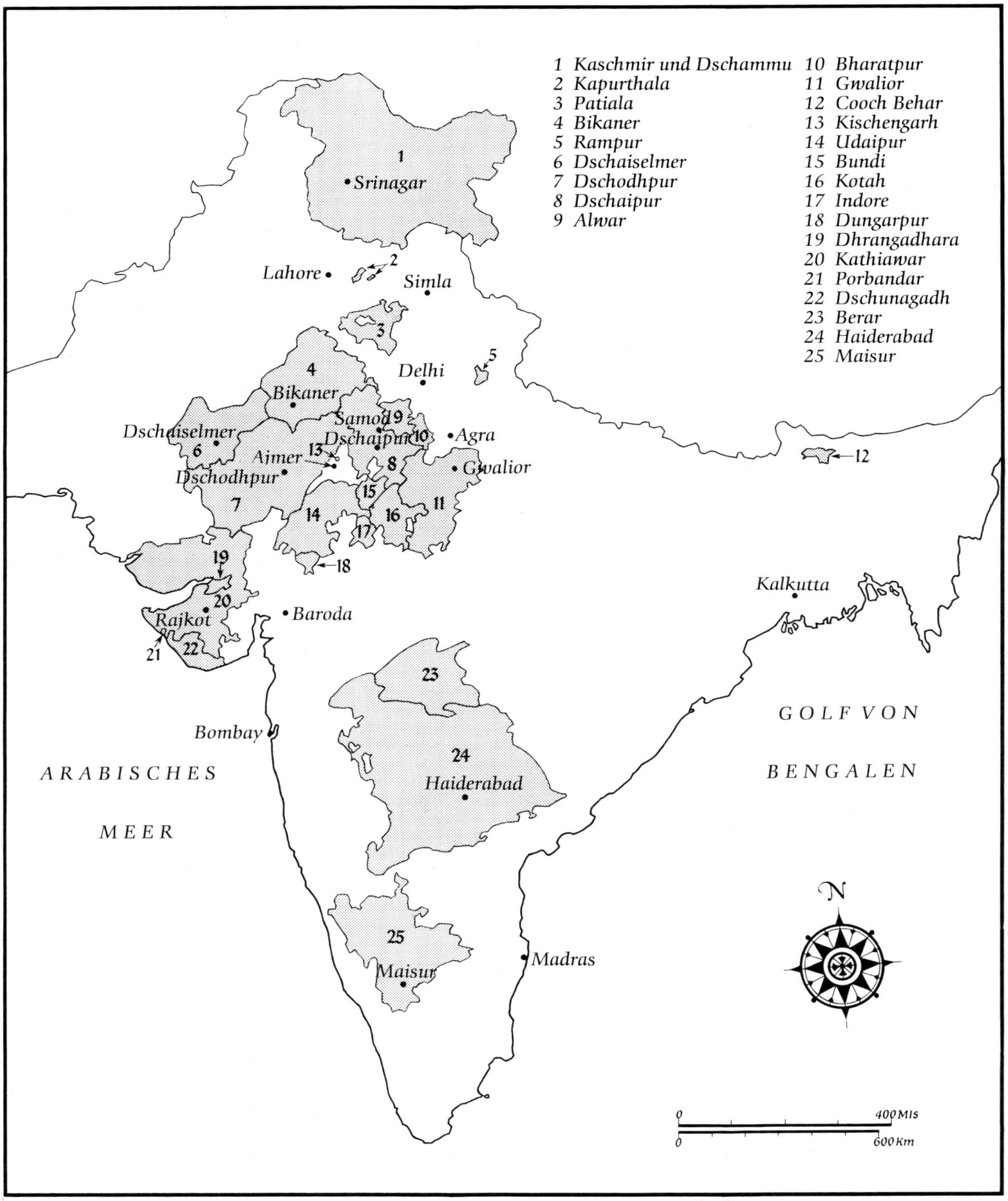

Die Karte zeigt nur die im Text erwähnten Staaten.

Zeittafel

um 950 v. Chr.	Niederschrift des Hindu-Epos Mahabharata.
um 750 v. Chr.	Niederschrift des Hindu-Epos Ramayana.
470	Die Rathor-Radschputen gründen das Königreich Kanaudsch (Datum nicht historisch belegt).
um 728	Bapu Rhawal, Häuptling der Sisodia-Radschputen, gründet nach der Eroberung von Chitor das Königreich Mewar.
um 928	Dola Rae gründet ein Königreich in Amber.
1156	Dschaisal, Häuptling der Bhati-Radschputen, gründet Dschaiselmer.
1211	Die Rathor-Radschputen gründen nach der Vertreibung aus Kanaudsch das Königreich Marwar.
1303	Erste Belagerung von Chitor durch Alauddin Khildschi, den Pathanenkönig von Delhi; erster *dschohar* (Holocaust) – 13 000 Frauen verbrennen sich.
1459	Radscha Dschodh von Marwar gründet die Stadt Dschodhpur.
1488	Radscha Bika von Marwar gründet die Stadt Bikaner.
1527	Babur besiegt den Staatenbund der Radschputen und gründet das Mogulreich.
1535	Zweite Belagerung von Chitor durch den Sultan von Gudscharat – zweiter *dschohar.*
1556	Beginn von Akbars Herrschaft als Mogulkaiser.
1565	Gründung des Königreichs Maisur.
1567	Dritte Belagerung von Chitor und Brandschatzung durch Akbar; dritter *dschohar.*
1600	Gründung der Ostindischen Handelskompanie in Britannien.
1620–1638	Herrschaft Gadsch Singhs I. in Dschodhpur.

1623	Prinz Khurram, der spätere Kaiser Schahdschahan, verbringt vier Monate in Udaipur, nachdem er gegen seinen Vater Dschihangir intrigiert hat.
1627	Beginn der Herrschaft Schahdschahans.
1632–1648	Bau des Tadsch Mahals.
1658	Absetzung Schahdschahans durch Aurangseb.
1681	Gründung des Staats Bharatpur.
1707	Tod Aurangsebs. Beginnender Niedergang der Moguln.
1724	Asaf Dschah Nizam-ul-Mulk gründet den Staat Haiderabad.
1728	Radscha Dschai Singh II. von Amber gründet den Staat und die Stadt Dschaipur.
1732	Malhar Rao Holkar von Indore erobert Malwa.
1784	Madhadschi Rao Scindia erobert die Festung Gwalior zurück.
1799	Die Engländer setzen nach dem Tod Tipu Sahibs (Tipu Sultans) die Dynastie von Maisur wieder ein.
	Randschit Singh gründet im Pandschab das Sikh-Reich.
1817–1818	Die Engländer schließen Verträge mit Marathenherrschern und Radschputenherrschern.
1818–1822	Tod arbeitet als Politischer Beauftragter in West-Radschputana.
1824	Salim Singh, Ministerpräsident von Dschaiselmer, wird vergiftet.
1829–1832	Veröffentlichung von Tods *Annals and Antiquities of Rajasthan.*
1845	Erster Krieg zwischen Engländern und Sikhs.
1848	Zweiter Krieg zwischen Engländern und Sikhs; Annektion des Pandschabs.
1857	Indische Erhebung.
1858	Die Verwaltungshoheit in Indien geht von der Ostindischen Handelskompanie auf die britische Krone über; Köni-

	gin Viktoria proklamiert Rechte und Pflichten der Fürsten.
1869	Geburt Gandhis.
1875	Die Engländer setzen Malhar Rao von Baroda ab und machen Sayaji Rao zu seinem Nachfolger.
	Der Prinz von Wales (später Eduard VII.) bereist Indien.
1876	Königin Viktoria wird zur Kaiserin von Indien erhoben.
1877	Erster Durbar in Delhi.
1878	Sayaji Rao beginnt mit dem Bau des Laxmi-Vilas-Palasts in Baroda.
1885	Gründung des Indischen Nationalkongresses.
1887	Rudyard Kipling bereist Radschasthan.
1889	Geburt Jawarharlal Nehrus.
1901	Tod Königin Viktorias.
1903	Zweiter Durbar in Delhi.
1905	Lord Curzon legt das Amt des Vizekönigs von Indien nieder.
1911	Dritter Durbar in Delhi – Teilnahme König Georgs V. Tod des sechsten Nizams von Haiderabad und Berar.
1914–1918	Die Fürsten unterstützen Großbritannien im Ersten Weltkrieg mit Truppen.
1921	Gründung der Fürstenkammer.
1922	Der Prinz von Wales (später Eduard VIII.) bereist Indien in Begleitung Mountbattens.
1929	Maharadscha Umaid Singh von Dschodhpur beginnt mit dem Bau des Umaid-Bhawan-Palasts.
1930	Londoner Konferenz mit Vertretern der Fürsten, der Moslemischen Liga und der Liberalen.
1935	Der „Government of India Act" sieht einen indischen Bundesstaat mit elf Provinzen vor.
1939–1945	Die Fürsten unterstützten Großbritannien auch im Zweiten Weltkrieg mit Truppen.
1942 (August)	Gandhi fordert die Briten mit der Losung „Quit India" zum Verlassen Indiens auf.
1947 (März)	Lord Mountbatten trifft als Vizekönig ein.
1947 (Juni)	Mountbatten empfiehlt den in der Fürstenkammer versammelten Herrschern, ihre Machtbefugnisse an Indien bzw. Pakistan abzutreten.
1947 (August)	Unabhängigkeit Indiens und Pakistans. Der Maharadscha von Kaschmir flieht nach Indien.
1947 (Okt.)	Invasion Kaschmirs durch pakistanische Stammesangehörige.
1947 (Dez.)	Östliche Staaten schließen sich, gefolgt von anderen Staaten, der Indischen Union an.
1948	„Teuerste Hochzeit der Welt" in Dschaipur.
1949	Der Nizam von Haiderabad und Berar tritt seine Regierungsgewalt nach Eingreifen der Polizei in Haiderabad an die Indische Union ab.
1952	Erste allgemeine Wahlen im unabhängigen Indien – Maharadscha Hanwant Singh von Dschodhpur wird mit überwältigender Mehrheit ins Parlament von Delhi gewählt, stirbt aber bei einem Flugzeugabsturz. Die allindische Regierung setzt Karan Singh von Kaschmir als Sadar-i-Riyasat von Kaschmir ein.
1962	Gayatri Devi, die Maharani von Dschaipur, gewinnt bei den Wahlen zum Landesparlament mit einer Rekordmehrheit von 175 000 Stimmen einen Sitz für die Opposition.
1967	Tod des siebten Nizams von Haiderabad und Berar.
1971	Indira Gandhis Regierung schafft die letzten Machtbefugnisse und die Apanagen der Fürsten ab.
1975–1977	Während des von Indira Gandhi ausgerufenen Notstands kommen mehrere Fürsten, darunter auch Gayatri Devi von Dschaipur, ins Gefängnis.
1987	Eine Witwenverbrennung in einem nahegelegenen Dorf führt in Dschaipur zu einer Massendemonstration.

Die Rangordnung der indischen Fürstentümer

Die Rangordnung dieser im Text erwähnten Fürstentümer galt bis zur Unabhängigkeit Indiens 1947.

Name des Staates	Fläche (in km²)	Titel des Herrschers	Zahl der Salutkanonen
Haiderabad	214 187	Nizam	21
Maisur	76 477	Maharadscha	21
Baroda	21 144	Maharadscha	21
Dschammu und Kaschmir	222 442	Maharadscha	21
Gwalior	68 329	Maharadscha	21
Udaipur (Mewar)	33 449	Maharana	19
Indore	24 654	Maharadscha	19
Dschaipur	43 206	Maharadscha	17
Dschodhpur (Marwar)	90 820	Maharadscha	17
Bundi	56 980	Maharao Radscha	17
Bikaner	60 385	Maharadscha	17
Kotah	14 721	Maharadscha	17
Bharatpur	5 133	Maharadscha	17
Patiala	15 363	Majaradscha	17
Kischengarh	2 222	Maharadscha	15
Dschaiselmer	41 600	Maharawal	15
Alwar	8 321	Maharadscha	15
Dungarpur	3 747	Maharawal	15
Rampur	2 312	Nawab	15
Dschunagadh	8 642	Nawab	13
Nawanagar	9 818	Dscham Sahib	13
Bhawnagar	7 407	Maharadscha	13
Porbandar	1 662	Maharadscha Rana Sahib	13
Dhrangadhara	2 996	Maharadscha Radsch Sahib	13
Cooch Behar	3 413	Maharadscha	13
Ratlam	1 794	Maharadscha	13
Kapurthala	1 631	Maharadscha	13
Dhrol	732	Thakor Sahib	9
Radschkot	730	Thakor Sahib	9
Maihar	1 054	Radscha	9

Danksagung

Mein aufrichtiger Dank gilt der königlichen Familie von Dschodhpur, die mir bei der Vorbereitung dieses Buches alle denkbare Unterstützung und Hilfe zuteil werden ließ.

Auch den im folgenden Aufgeführten möchte ich herzlich danken:

Maharadscha von Dschodhpur Gaj Singh II.;
Maharadscha von Baroda Fatesinghrao Gaekwad;
Maharadscha von Dschaipur Sawai Bhawani Singh;
Maharadscha von Bikaner Karni Singh;
Maharadscha von Kischengarh Braji Raji Singh;
Radscha von Poonch Ramon Deo Singh; Maharadscha Swarup Singh;
Maharadscha Sobag Singh; Maharadscha Prahard Singh;
Maharadscha Salip Singh; Thakor Radschu Singh; Thakor Sunder Singh;
Thakor Nah Singh; Meherangarh Fort Museum; Mayo College;
Miss Fumiko Shioda.

Auch allen anderen, deren Zahl zu groß ist, um sie namentlich einzeln erwähnen zu können, möchte ich für ihre Hilfe bei meinen Fotoaufnahmen meinen Dank aussprechen.

Sumio Uchiyama

Register

Die kursiv gesetzten Zahlen beziehen sich auf Abbildungen